Begriff und Wirkungen

der

besonderen

Streitgenossenschaft

von

Dr. Wilhelm Kisch

Referendar

zu Strassburg i. Elsass.

STRASSBURG
KARL J. TRÜBNER.
1899.

Inhaltsangabe.

---

[1]) Die Citate beziehen sich auf die durch Gesetze vom 17. Mai 1898 veränderte Civilprozessordnung.

A. Allgemeines.

§ 1. I. Der Gegenstand der Abhandlung.

Der Prozess spielt sich normalerweise zwischen zwei Personen ab und hat zum regelmässigen Gegenstande ein einziges Recht oder Rechtsverhältnis. Zuweilen sollen jedoch in einem Rechtsstreit oder — richtiger — in einem Verfahren mehrere Feststellungsinteressen befriedigt werden, deren gegenseitiges Verhältnis ein verschiedenes sein kann.

Sie können durcheinander bedingt erscheinen, wie bei der Nebenintervention; sie können in einem gegensätzlichen Verhältnis zu einander stehen, wie bei der Widerklage; sie können sich gegenseitig ausschliessen, wie bei der Hauptintervention und dem Institute des § 75 C. P. O.; sie können einen gemeinsamen Träger haben, wie bei der objektiven Klagenhäufung; sie können endlich verschiedenen Subjekten zustehen, wie bei der Streitgenossenschaft.

Diese liegt vor, wenn ein Kläger gegen mehrere Beklagte, oder mehrere Kläger gegen einen bezw. mehrere Beklagte in einem und demselben Verfahren prozessieren.

I. Im gemeinen Rechte wurde lange Zeit die subjektive Klagenhäufung, d. h. die Verbindung mehrerer Prozesse zu einem Verfahren, für unzulässig gehalten, und im Gegensatze dazu für bestimmte Fälle die Streitgenossenschaft, d. h. die Beteiligung mehrerer Personen an einem vermeintlich einzigen Rechtsstreit für statthaft erklärt. Ueber den Begriff der Streitgenossenschaft wurde lebhaft gestritten. Eine Auffassung legte das Gewicht auf die Einheit des Prozessubjektes: die mehreren Genossen sollten zusammen eine juristische Person bilden [1]). Eine andere Theorie betonte die Einheit des Prozessgegenstandes, d. h. des rechtshängigen Anspruchs, oder doch des Prozessstoffes, d. h. des zu ermittelndeu Entstehungsgrundes für das streitige Recht [2]). Eine dritte Ansicht ging aus von einer zur Erreichung eines gemeinsamen Zwecks begründeten societas litis [3])

---

[1]) Rivinus, enunc. juris, tit. V; Hommel, ad Menk. nr. 99; Boehmer, doctr. d. act.: sect. III, § 12; Brunnemann, comm. ad l. 10 C. si cert. pet. pec.; Heimbach, Sächs. Proz., § 28; Danz, S. 185, Anm. b.; Schmidt, Klage u. Einr., § 105, Anm. m, und — wenigstens für unteilbare Rechte — Scholz, Z. f. Civ.-R. u. Pr. XII, S. 268.

[2]) Voetius, comm. ad Pand. II, 13; Menken, intr. in doct. d. act., § 88; Carpzov, def. P. I, const. 2, def. 6; Reinhard, Handb. I, S. 98; Glück, Komm. IV, S. 16 (mit Anklängen an die „moralische Person"); v. Grolman, § 167; Francke, 2. A. d. gem. deutsch. u. schleswig-holst. C. P. I, S. 185; Osterloh, Lehrb. S. 247; Scholz, a. a. O., XII, S. 268 ff; Schelling, diss. d. litisconsort. Mon., 1838.

[3]) So schon Cujaz, parat. in l. 3, tit. 40 C.; Leyser, sp. 118, m. 1; Perez, ad tit. 3. 40 b. Besonders konsequent Martin in seinem und Walch's Magazin, S. 1 ff., 170 ff., 346 ff.; derselbe, Lehrb., 13. Aufl., S. 66 u. Vorl. I, S. 233 f. Ihm schlossen sich an: Morstadt, Materialkritik, S. 128 f.; Puchta, der Dienst deutsch. Justizämt., II, S. 17; Stabel, Vorträge, S. 68 ff.; Hessler, System 2. A., S. 125, Anm. 73; Gesterding, Nachforsch. II, S. 375; Linde,

oder doch von einer zufälligen Prozessgemeinschaft [1]). Ueberall also war der leitende Gesichtspnnkt die vermeintliche Einheit des Prozesses.

Dem gegenüber wies Planck durch seine grundlegenden Ausführungen [2]) in unwiderlegbarer Weise nach, dass der lange Zeit angenommene Gegensatz zwischen subjektiver Klagenhäufung und Streitgenossenschaft in Wirklichkeit nicht besteht, dass vielmehr beide Begriffe sich decken und kein anderes Wesensmerkmal haben, als die formale Verbindung mehrerer Rechtsstreitigkeiten zu einem äusserlich einheitlichen Verfahren [3]). Diese richtige Ansicht erlangte, dank der glänzenden Ausführung durch ihren Urheber, die Herrschaft in der neueren Wissenschaft des gemeinen Rechtes, und liegt auch den Bestimmungen der R. C. P. O. zu Grunde. (Vergl. die sog. Motive, S. 80 f.) [4])

II. Aus der Mehrheit der vereinigten Rechtsstreitigkeiten folgt als Regel ihre gegenseitige Unab-

---

Z. f. Civ.-R. u. Pr. XVI, S. 112 ff.; Gensler, Arch. f. civ., Pr. IV, S. 157, Anm. 7.

Desgleichen die Prozessgesetze für Baden, § 101, Lübeck, § 24, Thurgau, § 23.

[1]) Koch, Preuss. Proz.-R., 2. A., § 178; Schmidt, Handb. S. 140; Brackenhoefft, Erört. S. 282 ff. redet von einer „Solidarität in Ansehung der Wirkungen".

[2]) Mehrheit der Rechtsstreitigkeiten 1844, S. 105 ff., 385 ff.

[3]) Vereinzelt schon die richtige Ansicht bei Faber, rat. ad Pand. III, tit. 3, ad l. 31, § 1.

[4]) Vereinzelte Spuren der alten Auffassung sind bemerkbar. So wird die Streitgenossenschaft bei der Lehre von den Parteien behandelt; als Voraussetzung der Zulässigkeit wird eine bestimmte materielle Beziehung der festzustellenden Rechte verlangt (— die „Konnexität" des gemeinen Rechtes); S. 63, C. P. O. spricht vom Betriebe des Prozesses; § 100 C. P. O. von einem „aus mehreren Personen bestehenden Teile".

hängigkeit in der rechtlichen Beurteilung. Diese Folgerung, die im Anschluss an Planck (S. 403 ff.) schon in der gemeinschaftlichen Theorie und in den partikulären Prozessgesetzen allgemein gezogen worden war [1]), hat auch in der C. P. O. einen gesetzlichen Ausdruck gefunden.

§ 60 C. P. O.: „Streitgenossen stehen, soweit nicht aus den Vorschriften des bürgerlichen Rechts oder dieses Gesetzes sich ein anderes ergiebt, dem Gegner dergestalt als einzelne gegenüber, dass die Handlungen des einen Streitgenossen dem anderen weder zum Vorteil noch zum Nachteil gereichen".

Diese Unabhängigkeit der Genossen ist nicht ausnahmslos. Nach § 63 C. P. O. ist jeder Genosse allein zum Prozessbetriebe befugt. Soweit ferner das freie Ermessen des Richters nicht beschränkt ist (§ 286, Abs. 1, C. P. O.), kann die Beweisführung eines Genossen den übrigen zugute kommen. Die wichtigsten Ausnahmen werden aber begründet durch die §§ 62 und 472 C. P. O.

§ 62 C. P. O.: „Kann das streitige Rechtsverhältnis allen Streitgenossen gegenüber nur einheitlich festgestellt werden, oder ist die Streitgenossenschaft aus einem sonstigen Grunde eine notwendige, so werden, wenn ein Termin oder eine Frist nur von einzelnen Streitgenossen versäumt wird, die säumigen Streitgenossen als durch die nichtsäumigen vertreten angesehen.

---

[1]) Osterloh, S. 248; Brackenhoefft, S. 282; Heffter, S. 126; Schmidt, S. 140; Linde, a. a. O. S. 115; v. Bayer, Vortr. 10. A., S. 127; Francke, S. 185; Wetzell, System 3. A., S. 849; Renaud, Lehrb. 2. A., S. 138. Ferner die Prozessgesetze für Baden, 1832: § 96. 1864: § 105. — Hannover, § 336. — Sachsen, § 299. — Bayern, art. 641. — Württemberg, § 89.

Die säumigen Streitgenossen sind auch in dem späteren Verfahren zuzuziehen".

§ 462 C. P. O.: „Der Eid über eine Thatsache, welche für ein allen Streitgenossen gegenüber nur einheitlich festzustellendes Rechtsverhältnis von Einfluss ist, muss allen Streitgenossen zugeschoben oder zurückgeschoben werden, sofern nicht rücksichtlich einzelner Streitgenossen die Zuschiebung oder Zurückschiebung unzulässig ist. In jedem Falle bedarf es zur Zuschiebung oder zur Zurückschiebung der übereinstimmenden Erklärung aller Streitgenossen. Ueber die Annahme des Eides haben sich nur diejenigen Streitgenossen zu erklären, welchen der Eid zugeschoben ist.

Ist der von allen oder von einigen Streitgenossen zu leistende Eid von einem oder mehreren derselben, oder ist der von einem Teil der Streitgenossen zu leistende Eid von allen Schwurpflichtigen verweigert oder als von ihnen verweigert anzusehen, so entscheidet das Gericht nach freier Ueberzeugung, ob die Behauptung, deren Beweis durch Eidesleistung angetreten ist, für wahr zu erachten sei. Erklären einzelne Streitgenossen, dass sie den Eid leisten werden, so ist in Ansehung der übrigen Streitgenossen die Leistung des Eides nicht anzuorden oder der Eid nicht abzunehmen, sofern das Gericht denselben für unerheblich erachtet".

Diese Bestimmungen betreffen ein prozessuales Rechtsinstitut, welches wir am besten als besondere Streitgenossenschaft bezeichnen [1]). Mit dieser

[1]) Die vorherrschende Bezeichnung „notwendige Streitgenossenschaft" gibt dem Missverständnis Raum, als sei in allen Fällen des § 62 die gemeinschaftliche Klage gesetzlich vorgeschrieben. Trotzdem wird er — auch für die erste Kategorie des § 62 — verteidigt von Hellmann, Z. f. C. Pr. XVII, S. 1 ff., weil auch hier die Streitgenossenschaft

hat sich die Wissenschaft des deutschen Civilprozessrechtes eingehend beschäftigt [1]). Trotzdem ist in den

---

notwendig sei, wenn nicht die Möglichkeit widersprechender Urteile begründet werden soll; von Wachenfeld, S. 58 ff., weil hier wenigstens die gemeinschaftliche Fortführung der verbundenen Prozesse notwendig sei; v. Wilmowski-Levy, 7. A., S. 115, mit Rücksicht auf die Notwendigkeit für den Richter, einheitlich festzustellen. Gegen Hellmann ist zu bemerken, dass „notwendig" nicht lediglich die Bedeutung von „erwünscht" haben kann (— so auch Wach, K. V. J. XIV, S. 345); gegen Wachenfeld, dass die gemeinschaftliche Prozessführung niemals vorgeschrieben ist; gegen Wilmowski-Levy, dass Notwendigkeit einheitlicher Feststellung nicht Notwendigkeit der Streitgenossenschaft ist. Der Ausdruck „unzertrennliche Streitgenossenschaft" (Fitting, Lehrb. 8. Auf., § 26, anders 9. A., § 75) ist ungenau, denn eine Trennung ist rechtlich möglich. Vergl. unten § 6.

Die Bezeichnung „materielle Streitgenossenschaft" (Kroll, Kohler, Warmuth an den unten angegebenen Orten, schon Linde, Z. f. Civ.-R. u. Pr. XV., S. 359) ist irreführend, weil es Fälle materieller Rechtsgemeinschaft giebt, die nicht unter § 62 C. P. O. gehören. Gegen den Ausdruck „qualifizierte Streitgenossenschaft" (Schultze, v. Amelunxen, Barazetti) war nichts einzuwenden; derselbe wurde nur nach dem Vorgange Hachenburg's verdeutscht.

[1]) Besondere Abhandlungen: v. Canstein, Streitgen. u. Nebenintervention 1876; Warmuth, Z. f. C.-Pr. S. 497 ff.; Barazetti, Bad. Ann. 50, S. 364 f., 379 f.; Harmening, Bl. f. Gesetzgeb. u. Rechtspfl. in Thüringen, N. F. B. 7; v. Amelunxen, d. sog. notw. Streitgen. 1881; Weismann, Hauptinterv. u. Streitgen. 1884; Hachenburg, D. bes. Streitg. 1888; Hellmann, Z. f. Civ.-Pr. XVII, S. 1 ff.; Dreyer in Rassow-Küntzel's Beiträgen XXXVIII, S. 16 ff.; Wachenfeld, d. notw. Streitg. 1894; Hangen, Fälle der bes. Streitg. nach Code civ. u. s. w., 1895.

Kürzere Darstellungen: Fitting, Arch. f. Civ.-Pr. 61, S. 415 f.; Freudenstein, Rechtskraft, S. 241 ff.;

meisten Punkten eine Einigung nicht erzielt worden: sowohl die Voraussetzungen als auch die Wirkungen unseres Instituts sind äusserst bestritten.

Die Frage, wann eine besondere Streitgenossenschaft vorliegt, gehört im Wesentlichen dem Civilrecht an, und bleibt, mit Rücksicht auf den Umfang des Stoffes, am Besten einer gesonderten Darstellung vorbehalten. Der nachfolgende Versuch sieht auch ab von einer Uebersicht über die, von anderen Schriftstellern genügend behandelte, geschichtliche Entwickelung des Institutes [1]). Er beschränkt sich auf die Lehre vom Begriff und den prozessualen Wirkungen der besonderen Streitgenossenschaft, und wird — unter vielfacher Benutzung der Ergebnisse, wie sie durch die bereits vorliegenden, verdienstvollen Arbeiten über den gleichen Gegenstand gewonnen

---

Kleinfeller, K. V. J. N. F. XVI, S. 224 ff., 3. F. B. I., S. 105 ff.; Kohler, Proz. als Rechtsverh., S. 101 ff.; v. Kries, Rechtsmittel, S. 35—45; Barazetti, Rechtsmittel, S. 46 ff.; Kroll, Kl. u. Einr., S. 128 ff.; Meyer, Zeitschr. f. C.-Pr. XIV, S. 367 f., XX 505 f.; Schultze, Grundl. d. deutschen Konkursr. S. 15 ff., 57 ff., 67 ff.; Trutter, prozess. Rechtsgesch. S. 208 ff.; Wach, K. V. J. XIV, S. 344 ff.

Lehrbücher von Bolgiano, S. 145 ff., Fitting, 9. A., § 75, Hellmann, § 50, Rich. Schmidt, § 156.

Kommentare von Seuffert, 7. Aufl., Wilmowski-Levy, 7. A., Gaupp, 3. A., Petersen, 3. A. I. B., Struckmann-Koch, 5. A., v. Sarwey, Puchelt, Reincke, Endemann, Kleiner, Förster.

Die „Zeitschrift für deutschen Civilprozess“ wird im Folgenden mit Z., die „Kritische Vierteljahrszeitschrift“ mit K. V. J. citiert.

[1]) Für das gemeine Recht vor Allem Planck, a. a. O. Für das neuere Recht besonders reichhaltig: v. Amelunxen, aber auch Harmening, Wachenfeld und Hachenburg, a. d. a. O.

sind, — in den Grundgedanken zu einer erfreulichen Uebereinstimmung mit der herrschenden Meinung gelangen [1]).

Hier möge nur noch an zwei besonders deutlichen Beispielen gezeigt werden, dass es, wie denn auch im Gegensatz zu Wachenfeld fast allgemein angenommen wird, in Wirklichkeit Fälle notwendig einheitlicher Feststellung giebt, dass demgemäss die §§ 62 u. 472 C. P. O. nicht überflüssig und die nachfolgenden Untersuchungen nicht gegenstandslos sind.

Wenn von mehreren Miteigentümern eines Grundstücks die Klage auf Feststellung des Bestehens oder Nichtbestehens einer Grundgerechtigkeit erhoben wird, so kann die streitige Frage nur einheitlich entschieden werden. Da die Servitut für die Grundstückseigentümer als solche begründet ist, so besteht sie notwendigerweise entweder für alle Genossen oder für keinen. Sie kann nicht zu gleicher Zeit für einen Eigentümer bejaht, für den andern verneint werden: dahingehende

---

[1]) Ausgegangen wird hier von der Prozessauffassung Schultze's. Er betrachtet den Prozess als eine, der Feststellung von Rechtsverhältnissen oder Ansprüchen dienende Mehrheit von Handlungen, zum Teil rechtsgeschäftlichen Charakters: K. R., S. 148 ff., Privat. u. Pr., S. 287 ff; Proz. Zeitbestimm., Festschr. f. Planck 1887, S. 14, Anm., Z. XII, S. 470 ff. Er setzt sich damit in Gegensatz zu der herrschenden Auffassung des Prozesses als eines Rechtsverhältnisses. Letztere ist auch nicht ohne sonstige Gegner geblieben. Vergl. Kroll, § 93 unten; Planck, Lehrb. I, S. 205 ff.; Menger, System I, S. 291 f.; Fischer in Z. X, S. 430; Bekker, Pand. I, S. 36; Skedl, Grünh. Zeitschr. XIV, S. 85 ff.; Schrutka-Rechtenstamm ebendort XVI, S. 621; Drechsler, K. V. J. XXII, S. 139.

Urteile würden vielmehr eine logische und rechtliche Unmöglichkeit sanktionieren [1]).

Ein anderes Beispiel ist die Klage des anmeldenden Konkursgläubigers gegen die seine Forderung bestreitenden Gläubiger gemäss § 146 K. O. Auch hier sind die letzteren besondere Streitgenossen. Denn das streitige Rechtsverhältnis ist die Teilnahmeberechtigung des Liquidanten am Konkurse, während die Gegner ihren ausschliesslichen Anspruch auf Befriedigung aus der Konkursmasse vertreten. Diese Teilnahmeberechtigung kann logisch und rechtlich allen Bestreitenden gegenüber nur einheitlich festgestellt werden [2]).

---

[1]) Die Einwendungen Wachenfeld's S. 91, erklären sich daraus, dass er nicht die Klage auf Feststellung einer bereits bestehenden Servitut (— Feststellungsklage —), sondern die Klage auf künftige Bestellung einer Servitut (— Leistungsklage —) im Auge hat.

[2]) Vergl. Schultze, K. R., S. 57 ff., S. 104; v. Amelunxen, S. 66; Wach, Handb. I, S. 624, Anm. 32; Reiche Litteraturnachweise bei Seuffert, 7. A. zu § 59.

Von einigen Schriftstellern wird jedoch die besondere Streitgenossenschaft hier verneint, weil die widersprechenden Gläubiger ihren Widerspruch verschieden begründen könnten: Hellmann, Lehrb. S. 240, Weismann, Hauptinterv., S. 100 u. 152, Anm. 37; Wachenfeld, S. 79 (— der hier übrigens v. Amelunxen missversteht). Allein, was die bes. Streitgenossenschaft bewirkt, ist die Notwendigkeit einheitlicher Feststellung des in der Klage geltend gemachten Rechtsverhältnisses; für dessen Existenz ist die Verschiedenheit der Verteidigungsgründe unerheblich. Vielmehr soll gerade umgekehrt diese Verschiedenheit des prozessualen Verhaltens der Genossen mit Rücksicht auf die nothwendig einheitliche Feststellung unschädlich gemacht werden.

§ 2. 2. Die Begriffsmerkmale der besonderen Streitgenossenschaft.

An der besonderen Streitgenossenschaft sind zwei wesentliche Begriffsmerkmale zu unterscheiden. Sie ist einerseits Mehrheit der Prozesse, sie erstrebt andrerseits Gleichheit der Urteile. Beide Punkte gilt es, im Folgenden auf ihre Richtigkeit und ihre Hauptfolgerungen zu prüfen.

I. Die besondere Streitgenossenschaft ist eine Verbindung mehrerer Prozesse. Sie bildet nicht einen einzigen Rechtsstreit mit einer Mehrheit persönlicher Beziehungen. Sie teilt insofern den Grundcharakter der gewöhnlichen Streitgenossenschaft, welcher sie nicht als ein besonderes Gebilde von eigentümlichem Wesen gegenübertritt.

Die hier verteidigte Ansicht kann als die herrschende bezeichnet werden [1]). Doch ist sie nicht ohne Gegner geblieben. Vielmehr hat man in den Fällen des § 62 C. P. O. einen einzigen Rechtsstreit mit einer Mehrheit der Subjekte finden wollen, und darin den Gegensatz zu den Regelfällen des § 61 C. P. O. erblickt [2]). Diese Ansicht widerspricht indessen dem Wesen des Prozesses und dem Begriffe der Partei. Sie wird den positiven Bestimmungen der §§ 62, 472 nicht gerecht.

---

[1]) Hachenburg, S. 4; Kohler, S. 101 f.; Wachenfeld, S. 48 f.; Planck, Lehrb. I, S. 209; Trutter, Proz. Rechtsgesch., S. 208 f.; u. a. m.

[2]) v. Amelunxen, S. 8 ff.; Weismann, S. 71, 104; Harmening, S. 224 f.; Barazetti, S. 364; Wach, K. V. J. XIV, S. 345 (für den Servitutenprozess der Miteigentümer: hier liege nur scheinbare Klagenhäufung vor). Derselbe Handb. S. 37III. lässt die Frage unentschieden. Wilmowski-Levy, 7 A., S. 112 reden von den Genossen als „Parteien eines Gesammtprozesses“.

Sie ist auf unzureichende Gründe gestützt und praktisch nicht durchführbar.

1) Was zunächst den Begriff des Prozesses betrifft, so hat letzterer immer eine bestimmte persönliche Richtung. Durch den Rechtsstreit wird die Rechtsordnung an einem Einzelfalle verwirklicht. Durch ihn werden, im Gegensatze zu dem allgemein regelnden Gesetz, zwei bestimmte Machtbereiche gegeneinander abgegrenzt. Zu den Subjekten der letzteren muss daher der Prozess in der engsten Beziehung stehen. Er ist demgemäss auf dem Zweiparteienverhältnis aufgebaut. Dadurch gewinnt erst der Parteibegriff seine Erklärung und der subjektive Umfang der Rechtskraft seine Rechtfertigung.

Klagt nun einer von mehreren Rechtsträgern, so verlangt er lediglich Befriedigung eines eigenen Interesses, Entscheidung für die eigene Person. Er ist gar nicht berufen, das Feststellungsinteresse seines Rechtsgenossen geltend zu machen. Klagt dieser nicht, so wird derselbe nicht Partei; das Urteil kann für ihn nicht ergehen, mag es auch nach Civilrecht für ihn wirksam sein.

Erhebt dieser dagegen auch seinerseits Klage, so macht er damit ein eigenes, besonderes Interesse geltend. Er schafft neben dem ursprünglichen einen zweiten Prozess. Sein Antrag deckt sich begreiflich nicht mit dem seines Genossen. Die Entscheidung, welche für ihn ergeht, ist nicht zugleich für den anderen erlassen.

Daran wird auch durch die Besonderheit des materiellen Rechtes nichts geändert [1]). Selbst wenn dieses

---

[1]) Anders Harmening, S. 224 f.: „Denn, da die Klage einem Recht entspricht, so kann von einer Mehrheit von Klagen da nicht die Rede sein, wo nur ein Recht besteht". Dies trifft nicht zu.

Für die Prozesseinheit spricht auch nicht die Gemein-

in allen Fällen der besonderen Streitgenossenschaft für sämmtliche Genossen ein einziges wäre (— was bei Weitem nicht überall zutrifft —), würde daraus die Einheit des Rechtsstreits nicht gefolgert werden dürfen. Der Prozess ist mit seinem Gegenstande nicht zu verwechseln: jener kann ein mehrfacher sein, während dieser jedesmal der gleiche bleibt. Mehrere Entscheidungen werden dadurch, dass sie denselben Inhalt haben, nicht zu einem einzigen Urteil. Für unsere Frage kann demnach nicht die Einheit oder Mehrheit des materiellen Rechtes massgebend sein.

Würden ferner die verbundenen Prozesse zusammen ein organisches Ganzes bilden, so müsste der Bestand des einzelnen Teiles abhängig sein vom Bestande dieses Ganzen und umgekehrt. Davon ist aber keine Rede. In den meisten Fällen des § 62 kann einerseits einzeln geklagt und dadurch eine zweifellose Prozessmehrheit begründet werden [1]). Andrerseits kann auch nach Beginn der Streitgenossenschaft ein einzelner Prozess wegfallen, ohne dass die übrigen am Fortgang gehindert werden. Die zufällige Thatsache einer solchen Verbindung oder Trennung vermag aber offenbar die Frage nach der Einheit bezw. Mehrheit der Rechtsstreitigkeiten in keiner Weise zu beeinflussen [2]).

---

samkeit des verfolgten Zweckes. (So Martin Magazin, S. 15.) Dieser brauchte nämlich, selbst, wenn er für alle der gleiche wäre, nicht notwendig durch ein Urteil erzielt zu werden. Thatsächlich aber ist er ein verschiedener: jeder Konsorte sucht Entscheidung für sich.

[1]) Wo die Streitgenossenschaft geboten ist, geschieht dies aus materiellen, nicht aus prozessualen Gründen. Dadurch wird die Prozesseinheit oder -mehrheit nicht berührt.

[2]) Wachenfeld, S. 54 ff., verweist insbesondere noch darauf, dass die bes. Streitgenossenschaft durch rich-

2) Die Prozessmehrheit folgt aus dem Prozessbegriff. Sie kann durch positive Vorschriften nicht aufgehoben werden. Das Gesetz kann nicht aus mehreren Prozessen einen einzigen machen und umgekehrt. Dass aber der Gesetzgeber in den Fällen des § 62 an eine derartige Verschmelzung nicht dachte, dass er die Einheit des Rechtsstreits weder schaffen wollte noch als schon gegeben voraussetzte, zeigen seine eigenen Bestimmungen.

Der Urteilswiderspruch, den sie vermeiden wollen, setzt eine Mehrheit der Rechtsstreitigkeiten voraus. Ein Prozess könnte nur ein Urteil zeitigen, ein Widerspruch wäre nicht denkbar. Die aus mehreren Personen bestehende Partei wäre erst säumig, wenn alle Teilnehmer ausblieben. Sie könnte nur mit Einwilligung aller Mitglieder über den Rechtsstreit und dessen Gegenstand verfügen. Die Bestimmungen der §§ 62, 472 wären teils überflüssig, teils inkonsequent [1]).

Gleiche Entscheidungen sind nicht eine Entscheidung. Zur Vermeidung des Urteilswiderspruchs braucht nicht an Stelle der mehreren Prozesse ein einziger gesetzt, sondern nur die regelmässige Unabhängigkeit derselben aufgehoben, und dem Verhalten eines Genossen Einfluss auf den Rechtsstreit des anderen gewährt zu werden. Darin liegt die Bedeutung der §§ 62, 472 C. P. O. Sie schaffen keine Ausnahmen

---

terliche Verbindung entstehen, durch richterliche Trennung aufhören kann. Ob indessen eine solche Trennung in unseren Fällen zulässig ist, erscheint nicht zweifellos.

[1]) Dies behauptet denn auch Weismann, S. 104, Anm. 18, S. 130, Anm. 13: „Das einheitliche Urteil kann nicht zugleich gegen einen Beklagten kontradiktorisch, gegen den anderen Versäumnisurteil sein". Möglich wäre dies schon, weil eben mehrere Urteile vorliegen; aber nicht erwünscht.

von der Mehrheit der Prozesse, sondern von der in § 61 C. P. O. bestimmten Unabhängigkeit derselben.

Die C. P. O. hat demnach, wie auch ihre Entstehungsgeschichte lehrt, den gemeinrechtlichen Gegensatz zwischen subjektiver Klagenhäufung und Streitgenossenschaft gänzlich aufgegeben. Sie fasst nicht unter einem einheitlichen Namen zwei Rechtsbegriffe von grundlegender Verschiedenheit zusammen. Eine Streitgenossenschaft, welche nicht Verbindung mehrerer Prozesse wäre, giebt es nicht, sondern nur eine Modifikation des einen Institutes [1]).

3) In einem Einfluss der verbundenen Rechtsstreitigkeiten aufeinander liegt nun freilich eine Abweichung von dem sog. „Verhandlungsgrundsatz". Hält man eine Ausnahme für begreiflich unmöglich, so lässt sich allerdings ohne Prozesseinheit das Handeln der Genossen für einander nicht wohl erklären.

Weismann leugnet denn auch (S. 71) die Mehrheit der Rechtsstreitigkeiten mit der Begründung, „die Handlungen des einen Prozesses seien nicht Handlungen des anderen Prozesses, könnten nicht Grundlage sein für die Entscheidung des anderen Prozesses".

In Wirklichkeit aber ist die Verhandlungsmaxime nicht in dieser unbedingten Weise durch den Begriff des Civilprozesses geboten. Sie ist nichts als ein zusammenfassender Ausdruck für eine Reihe positiver Vorschriften [2]). Sie kann vom Gesetz aus Zweck-

---

[1]) Aehnlich, wie § 69 C. P. O. die Nebenintervention modifiziert; nur wird dort umgekehrt die regelmässige Abhängigkeit des dritten durch seine Selbständigkeit ersetzt. Vrgl. Schultze, Z. II, S. 80 ff.

[2]) Planck, Lehrb. I, S. 198; Heusler, Arch. f. civ. Pr. 62, S. 251.

mässigkeitsgründen in bestimmten Fällen ausser Acht gelassen werden. Eine solche Ausnahme wird im Interesse der erstrebten Gleichheit der Urteile auch durch die §§ 62, 472 C. P. O. geschaffen.

Noch aus einem anderen Grunde behauptet Weismann (— S. 104, insb. Anm. 19, 20 —) Einheit des Prozesses und Urteils. Die Klagbehauptung sei für jeden Genossen die gleiche. Ihre Richtigkeit müsse für jeden in derselben Weise beantwortet werden. Der gemeinsame Gegner dringe erst durch, wenn alle Genossen besiegt seien.

Diese Auffassung dürfte nicht zutreffen. Der einzelne Genosse verfolgt zunächst nur sein eigenes Interesse, und ist nicht berufen, dasjenige seines Genossen zu vertreten. Die Klagebehauptungen der Mehreren haben nicht notwendig den gleichen Inhalt. Ein klägerischer Konsorte behauptet nicht, dass der andere ein Recht habe. Gegen einen Beklagten wird nicht aufgestellt, dass für den anderen eine Pflicht bestehe.

Wäre dies selbst der Fall, so läge noch nicht eine Behauptung vor. Die Parteibehauptungen wollen nämlich nicht nur einen geschichtlichen Bericht geben, sondern verfolgen den praktischen Zweck, dem Urteil zu Grunde gelegt zu werden. Sie sind insofern nicht blosse Wissenserklärungen, sondern enthalten ein bestimmtes Willensmoment. Sie gewinnen ihre Bedeutung durch die Beziehung auf das erstrebte Erkenntnis. Die inhaltsgleichen Behauptungen der mehreren Genossen würden prozessual eine einzige Behauptung nur dann bilden, wenn sie für ein einziges Erkenntnis in Betracht kämen. Nicht aber kann umgekehrt aus der vermeintlichen Einheit der Behauptung die des Urteils gefolgert werden.

Für letztere spricht auch nicht die etwaige Einheitlichkeit des erstrebten ausserprozessualen Erfolgs. Es giebt allerdings Fälle des § 62 C. P. O. (— wenn auch nicht alle dahin gehören —) in denen das gegen einen Genossen allein erzielte Urteil praktisch nicht verwertbar wäre. Die thatsächliche Verwirklichung einer Entscheidung ist mit der prozessualen Durchführung der darauf gerichteten Klage nicht zu verwechseln. Der praktische Zweck, den der gemeinsame Gegner verfolgt, mag durch die Niederlage sämmtlicher Genossen bedingt sein; deshalb braucht aber diese Niederlage nicht in einem einzigen Urteil ausgesprochen zu werden [1]).

4) Mit der Annahme der Prozesseinheit ist auch nichts gewonnen; vielmehr werden durch sie die Schwierigkeiten nur vermehrt. Auf dieser Grundlage ist das Verhältnis der Genossen zu einander nicht zu bestimmen. Bilden sie zusammen ein einheitliches Rechtssubjekt [2]) oder ist Jeder Träger des gesammten Rechtsstreits?

---

[1]) Weismann (S. 71) verweist noch auf die Fälle der erweiterten Rechtskraft. Werde einzeln geklagt, so wirke zweifellos ein Urteil für mehrere Personen. Gleiches müsse bei der bes. Streitgenossenschaft gelten. Auch hier hindre die Mehrheit der Wirkungen nicht die Einheit des wirkenden Urteils.

Dies kann nicht zugegeben werden. Im Falle der Einzelklage steht nur eine Person in der Parteirolle und wird nur eine Feststellung erstrebt. Dass diese einem Dritten zu Gute kommt, ist Folge civilrechtlicher Vorschrift. Das Urteil wirkt zwar für den Dritten, es ergeht aber nicht für ihn. Dies alles verhält sich anders, wenn der Rechtsgenosse auch Streitgenosse wird. Hier ergeht nicht mehr ein Urteil für alle, sondern, trotz der einheitlichen Form, eine besondere Entscheidung für Jeden.

[2]) Dies legt nahe § 14 d. neuen österr. C. P. O: „Die Streitgenossen bilden zusammen eine einheitliche Streitpartei“.

Findet auf sie das Prinzip der gesammten Hand oder der Grundsatz der Solidarität Anwendung?

Unser Prozessgesetz räumt im Allgemeinen dem Handeln der Partei, ihren Eigenschaften, sowie bestimmten Ereignissen in ihrer Person, einen wesentlichen Einfluss auf Gang und Ergebnis des Rechtsstreites ein. Welche Bedeutung soll es nun für den angeblichen Gesammtprozess haben, wenn diese Thatbestände für einen Genossen vorliegen, für den anderen nicht? Kommen sie überhaupt nicht in Betracht, weil sie für die Partei, d. h. für die Gesammtheit der Genossen nicht gegeben sind? Oder gelten sie für sämmtliche Genossen als vorhanden?

Die erstere Folge entspräche wohl am Besten der Einheitstheorie [1]; thatsächlich gilt sie nach dem Gesetze nur in den Ausnahmefällen des § 472 und ist als Regel durch § 62 abgelehnt.

Nach der Einheitstheorie wäre ferner mit der Zustellung an einen Genossen die Klage noch nicht erhoben. Mängel in einem der Prozessteile müssten auch den anderen beeinträchtigen oder durch diesen geheilt werden [2]. Das für einen Genossen zuständige Gericht wäre dies auch ohne Weiteres für den anderen [3]. Durch den Ausfall des einen Genossenteils zerfiele die Partei und damit der Prozess. Der Einzelne könnte

---

[1]) Dagegen v. Amelunxen, S. 73: „Indem die Mitstreiter insgesammt eine Partei ausmachen, brauchen sie nicht immer zusammen die notwendigen Anträge zu stellen".

[2]) Zutreffend für die Klage Hachenburg, S. 40, und in richtiger Verallgemeinerung Kleinfeller, K. V. J. N. F. XVI., S. 227.

[3]) So denn auch Martin, a. a. O., S. 203. Für das heutige Recht nur bei der Hauptintervention. Vergl. allerdings §§ 5, 36 Zif. 3, C. P. O.

die Klage nicht zurücknehmen, auf das Rechtsmittel nicht verzichten. Die Rechtskraft des einen Urteils müsste für alle Genossen gleichzeitig eintreten. Die Fristen müssten für Alle in demselben Zeitpunkt beginnen und endigen u. s. w. [1]). In allen Fällen kommt die hier vertretene Ansicht zu dem umgekehrten Ergebnis.

Eine klare Konstruktion ist nur möglich, wenn man von der Mehrheit der Prozesse ausgeht. Man gewinnt dann den einfachen Satz: Die verbundenen Rechtsstreitigkeiten sind prinzipiell unabhängig voneinander. Ausnahmen von dieser Regel sind nur insoweit anzunehmen, als sie eine gesetzliche Grundlage haben.

II. Das zweite Begriffsmerkmal der besonderen Streitgenossenschaft ist die Notwendigkeit gleicher Entscheidungen. Das festzustellende Recht ist hier so geartet, dass sein Bestand nur für einen einzelnen Genossen nicht möglich ist. Eine Verschiedenheit der Urteile würde demnach einen dem Civilrecht widersprechenden Zustand schaffen. Diese durch die Anwendung der allgemeinen Prozessgrundsätze gebotene Möglichkeit soll hier zu Gunsten des materiellen Rechtes durch Ausnahmsbestimmungen vermieden werden. Wie so vielfach, zieht auch hier die Besonderheit des festzustellenden Privatrechtes eine Modifikation der regelmässigen Prozessgrundsätze nach sich [2]).

---

[1]) Martin, S. 203 erklärt auch Widerklage und — objektive — Klagenhäufung nur durch bezw. gegen alle Genossen für zulässig. Desgl. für die Anschliessung Weismann, S. 159, Anm. 5.

[2]) Die Notwendigkeit einheitlicher Feststellung ist auch zu behandeln bei der Lehre von den Voraussetzungen der besonderen Streitgenossenschaft. Dort ist aber im Wesentlichen nur zu bestimmen, wann diese Notwendigkeit vorliegt.

Die durch das Urteil zu erstrebende Gleichheit der Feststellung des materiellen Rechts für alle Genossen macht bis zu einem gewissen Grade auch die Gleichheit ihrer Prozesslage notwendig. Die mehreren Prozesse werden zwar nicht zu einem einzigen verschmolzen, sollen aber Einfluss aufeinander äussern. Insbesondere soll für sämmtliche Entscheidungen eine gemeinsame Grundlage gewonnen werden, und zwar in

---

Die Frage kann unmitttelbar aus der Besonderheit des materiellen Rechtes, d. h. ohne Rücksicht auf den Prozess beantwortet werden. Hier dagegen handelt es sich gerade um den Einfluss, den das Streben des Gesetzes nach gleichen Urteilen auf die Gestaltung der verbundenen Prozesse äussert. Dieses Streben beherrscht die §§ 62, 472 C. P. O. und bildet ihren einheitlichen Grundgedanken. Es liegt nicht ausserhalb des Prozessbegriffs der besond. Streitgenossenschaft, sondern erscheint als ein wesentliches Merkmal desselben.

Die bestrittene Frage, ob es zwei Gruppen der bes. Streitgenossenschaft giebt, ist hier nicht zu behandeln. Sie ist für den prozessualen Begriff ohne Belang. In allen Fällen des § 62 will das Prozessgesetz einheitliche Feststellung. Die Notwendigkeit derselben ist schon ausserhalb des Rechtsstreits begründet, sie wird aber erst innerhalb der Streitgenossenschaft verwirklicht. Sie ist dagegen niemals schon durch die Eigenart des prozessualen Gebildes allein gerechtfertigt, wie dies Weismann mit Bezug auf die Hauptintervention behauptet. Letztere erstrebt eine gleiche Feststellung nur insoweit, als die letztere nach Civilrecht erforderlich erscheint; nicht hat umgekehrt eine einheitliche Entscheidung deshalb zu ergehen, weil die Hauptintervention ihre Notwendigkeit begründet. (So Weismann, S. 100.) Auch nach Barazetti, S. 364, soll bei der Hauptintervention durch eine Klage eine Streitgenossenschaft begründet werden.

Für Mehrheit der Prozesse im Falle der Hauptintervention insb. Schultze, Nebenint., S. 56, Anm. 103. Gegen Weismann: Gaupp, Centralblatt IV, S. 25 ff., u. Komm. 3. A. zu § 61 I, Kohler, Ges.-Beiträge, S. 272, u. a. m.

der Weise, dass zur Bildung der letzteren das allseitige Verhalten sämmtlicher Genossen in Rücksicht gezogen wird. Wie das materielle Recht entweder für alle oder für keinen besteht, so sollen die zu seiner Feststellung führenden Handlungen der einzelnen Genossen entweder für alle wirksam sein oder für keinen einzigen. Wann jenes, wann dieses der Fall ist, hat der besondere Teil darzustellen.

Hier ist nur noch ein Doppeltes zu bemerken.

Erstens: Die Eigentümlichkeit des materiellen Rechtes vermag a n s i c h, d. h. ohne Vermittelung durch eine ausdrückliche Prozessvorschrift, eine Ausnahme von den gewöhnlichen Prozessgrundsätzen niemals zu begründen. Daraus folgt für unsere Frage: Die Notwendigkeit einheitlicher Feststellung kann die regelmässige Unabhängigkeit der Konsorten nicht weiter aufheben, als solche Abweichungen aus den §§ 62, 472 C. P. O. sich ableiten lassen, sei es durch unmittelbare Anwendung, sei es durch sinngemässe Auslegung dieser Vorschriften.

Zweitens: Das Streben nach gleichen Entscheidungen bildet nicht nur die G r u n d l a g e, sondern auch die G r e n z e für die Anwendung der §§ 62, 472. Letztere haben deshalb keinen Bezug auf Handlungen, welche mit der gemeinsamen Rechtslage aller Genossen nichts zu thun haben, sondern die Person eines Einzelnen betreffen.

Beide Sätze werden im Laufe der folgenden Darstellung vielfache Bestätigung finden.

§ 3. 3. Beginn und Ende der besonderen Streitgenossenschaft.

I. Die Streitgenossenschaft ist eine Mehrheit verbundener Prozesse. Ist ursprünglich nur ein Rechtsstreit gegeben, dessen Subjekt unter Hinterlassung mehrerer Erben verstirbt, so entscheidet über den Beginn der Streitgenossenschaft die Aufnahme des unterbrochenen Verfahrens durch oder gegen jene Erben. Sind ursprünglich mehrere Prozesse anhängig, die aber getrennt verhandelt werden, so entscheidet der Zeitpunkt ihrer Verbindung durch den Richter. Werden sie dagegen von vornherein durch eine gemeinschaftliche Klagschrift eingeleitet, so deckt sich die Frage nach dem Beginn der Streitgenossenschaft mit der Frage nach dem Beginn der Prozesse.

Vor Erhebung der Klage sind jedenfalls die künftigen Genossen unabhängig voneinander. Hat z. B. einer von ihnen mit dem Gegner eine Vereinbarung über die Zuständigkeit getroffen, oder einen anderen Vertrag über die künftige Gestaltung des Prozesses abgeschlossen [1]), so wird ein solches Uebereinkommen durch die später eintretende Streitgenossenschaft in keiner Weise berührt. So ist auch von einer Anwendung des § 62 C. P. O. keine Rede, wenn vor Prozessbeginn ein „Genosse“ das Beweissicherungsverfahren betreibt.

Mehrere Personen, die erst gemeinschaftlich klagen

---

[1]) Ueber solche Verträge vergl. Kohler in Rassow-Küntzel XXXI, S. 276 ff., 481 ff., Denselben in Ges.-Aufsätzen, S. 278, über den Zuständigkeitsvertrag eines Genossen im Falle der Hauptintervention.

wollen, sind noch keine Streitgenossen [1]). Sie werden es noch nicht durch Anfertigung einer gemeinschaftlichen Klagschrift. Denn das öffentliche Rechtsgeschäft der Klagerhebung ist erst mit der Zustellung der Klageschrift vollendet. Ist aber diese erfolgt, so ist das Prozessverhältnis der Rechtshängigkeit, also auch der Prozess begründet. Die Streitgenossenschaft beginnt demnach mit der Zustellung der gemeinschaftlichen Klagschrift an den Gegner, bezw., im Falle passiver Streitgenossenschaft, mit den an die mehreren Beklagten erfolgten Zustellungen, wobei für jeden Prozess die einzelne Zustellung entscheidet [2]). Die Zustellung an einen Genossen erübrigt nicht die an den anderen, und die Wirksamkeit der einen ist nicht durch die rechtsgültige Vornahme der anderen bedingt.

Nicht erforderlich ist es dagegen, dass die mehreren Beklagten, um Streitgenossen zu werden, ihre Absicht, zu streiten, durch eine irgendwie geartete Einlassung zum Ausdruck bringen [3]). Denn der Prozess setzt begrifflich nicht einen wirklichen Streit, sondern nur die Möglichkeit eines solchen voraus, wie sich schon aus der heutigen Regelung des Versäumnisverfahrens, des Anerkenntnisses und Verzichtes, sowie aus dem begrifflichen Zwecke der Rechtsfeststellung ergiebt, welche sehr wohl ohne Parteikampf erfolgen kann [4]). Er be-

[1]) Anders Martin, § 50 ff., vom Gesichtspunkte der societas litis.

[2]) So auch Trutter, a. a. O., S. 215.

[3]) So Wachenfeld, S. 57.

[4]) Von der überaus reichen Litteratur seien erwähnt: vor Allem Schultze K. R., S. 144 ff., Pr. R. u. Pr. S. 265, 459; ferner Laband, Staatsr. 3. A. II, S. 330; Hellmann, Lehrb., S. 2; Drechsler, Arch. f. civ. Pr. LXII, S. 417; Bülow, ebendort: S. 20, 74, 85 ff.; Motive zu § 231, C. P. O. Anders Birkmeyer, Grundr. S. 10, der sich u. a. auf den Ausdruck „Streitgenossen“ beruft.

ginnt deshalb auch nicht mit dem Widerspruch des Gegners, sondern wird heute begründet durch den einseitigen Akt der Klagerhebung. Die Einlassung des Beklagten hat zwar eigentümliche wichtige Folgen, sie ist aber zur Begründung des Rechtsstreits nicht erforderlich. Was in dieser Beziehung für den einzelnen Prozess gilt, ist ohne Weiteres auf die Streitgenossenschaft zu übertragen.

Auch dürfte es nicht zutreffen, wenn man die Anwendung des § 62 C. P. O. solange ausschliessen will, als über prozesshindernde Einreden gestritten wird. Zwar soll nach Hachenburg (S. 40 ff.), wenn dieselben durchgreifen, feststehen, dass niemals ein Prozessverhältnis bestanden habe, also auch kein Litiskonsortium und keine Folgen daraus.

Indessen bilden auch die Verhandlungen über prozesshindernde Einreden einen Teil des Prozesses. Bei jedem Rechtsstreit sind nämlich, der Regel nach, zwei Fragen zu beantworten. Erstens: existiert das behauptete materielle Recht? Zweitens: bestehen die prozessualen Voraussetzungen seiner Geltendmachung? Fehlt es an diesen letzteren, so wird zwar nicht das materielle Recht abgesprochen, aber doch die erhobene Klage abgewiesen. Da nun Prozess nichts anderes ist als Verhandlung über die Klage, so wird durch eine solche Entscheidung ebensowenig wie durch ein Sachurteil die Entstehung des Prozesses geleugnet, sondern seine Weiterführung ausgeschlossen, der Rechtsstreit nicht ex hunc als nichtig aufgehoben, sondern zu Ende gebracht. Unzutreffend ist die allerdings mehrfach vertretene Auffassung, welche den Begriff des Prozesses beschränken will auf die definitive und nicht mehr bedingte Verhandlung und Kognition über das materielle Recht.

Desgleichen stellt ein Genosse, der eine prozesshindernde Einrede geltend macht, nicht den bisherigen Bestand, sondern nur die künftige Fortdauer der Streitgenossenschaft in Frage. Jedoch sind seine Handlungen nur unter den unten im § 9 anzugebenden Schranken nach § 62 C. P. O. zu beurteilen.

II. Beendet wird die Streitgenossenschaft für jeden Genossen mit dem Schlusse seines Prozesses, gewöhnlich aber für alle zugleich durch gemeinschaftliche Erledigung sämmtlicher Rechtsstreitigkeiten, sei es infolge einer Klagezurücknahme, oder eines gemeinsamen Vergleichs, oder — der Regel nach — eines rechtskräftigen Urteils.

Mag auch die Rücksicht auf vereinfachte Exekution vielfach das Streben des Gesetzes nach einheitlicher Entscheidung veranlasst haben, mit dem Erlass der letzteren hat die Streitgenossenschaft ihren Zweck erfüllt. Ihre Vorschriften finden deshalb auf das nachfolgende Verfahren der Zwangsvollstreckung und der Kostenfestsetzung keine Anwendung mehr. Hier schützt die Thätigkeit einer Partei die andere nicht mehr vor Rechtsverwirkung; so nicht beim Verteilungsverfahren (§ 877 C. P. O.), oder bei einer etwaigen mündlichen Verhandlung über das Kostengesuch (§ 105 C. P. O.), oder über eine Beschwerde gegen die Kostenentscheidung. So sind denn auch die Regeln über die Kostenverteilung bei der besonderen Streitgenossenschaft keine anderen als bei der gewöhnlichen (C. P. O. § 100). Auch findet auf den Offenbarungseid § 472 keine Anwendung; und ist ein Genosse rechtlich nicht gehindert, falls dies mit Rücksicht auf den Streitgegenstand faktisch möglich erscheint, für seine Person auf die durch das Urteil gewährten Vorteile wirksam zu verzichten.

Zweiter Teil.

B. Die prozessualen Wirkungen der besonderen Streitgenossenschaft im Einzelnen.

Erster Abschnitt.

I. Bei Unthätigkeit einzelner Genossen: § 62 C. P. O.

1. Der Inhalt des § 62 C. P. O.

§ 4. a. Die Hauptansichten und ihr praktischer Gegensatz.

I. Nach § 62 C. P. O. werden diejenigen Streitgenossen, welche einen Termin oder eine Frist versäumen, als „durch die nicht säumigen vertreten angesehen“.

Ueber die Bedeutung dieser Vorschrift wird lebhaft gestritten. Die Erklärung geht gewöhnlich von einem allgemeinen Oberbegriff aus, und leitet aus diesem mit angeblich prinzipieller Notwendigkeit die einzelnen Sätze über die Stellung der Genossen ab. Sie verfährt mit anderen Worten deduktiv.

Die juristische Konstruktion hat aber den umgekehrten Weg zu gehen. Sie ist keine schöpferische Macht, sondern ein Mittel zur Zusammenfassung gegebenen Materials unter einheitliche Gesichtspunkte. Ist das Gesetz nicht unzweideutig, so muss dieses Material zunächst durch Interpretation gewonnen werden; wobei

Wortlaut, Entstehungsgeschichte, Zweck und ratio der Bestimmungen von Bedeutung sind. Das gefundene Material verwendet dann die Wissenschaft zur juristischen Konstruktion. Letztere hat demnach induktiv zu verfahren.

So auch bei unserem § 62 C. P. O. Aus dem Wortlaut der Bestimmung folgt ihr Inhalt nicht ohne Weiteres. Dieser ist vielmehr in erster Linie zu ermitteln. Am Besten wird dabei ausgegangen von den beiden zu Tage getretenen Hauptansichten, um dann nach der einen oder anderen Seite hin die Entscheidung zu treffen. Von der konstruktiven Gestalt aber, in welcher uns diese Auffassungen entgegentreten (siehe darüber unter § 11), kann zunächst abgesehen werden.

II. Nach der herrschenden Ansicht ist die Thätigkeit des fleissigen Genossen so zu betrachten, als ginge sie zugleich vom säumigen aus. Danach wirken seine Handlungen im Termin für den Ausgebliebenen nicht erst durch Vermittelung des Urteils, dessen Inhalt sie beeinflussen, sondern unmittelbar wie Vertreterhandlungen. Danach wird ferner durch die Berufungseinlegung des ersteren dem zweiten nicht blos die Möglichkeit gewahrt, erst noch Partei der höheren Instanz zu werden, sondern er ist dies von vorneherein. Ihre Gründe sucht diese Auffassung in Wortlaut, Entstehungsgeschichte und legislatorischem Zweck des Gesetzes.

Der herrschenden Theorie ist mit grosser Entschiedenheit Hachenburg [1]) entgegengetreten. Nach ihm sind Handlungen des Fleissigen nicht zugleich als solche des Säumigen anzusehen, sondern auf diesen

---

[1]) a. a. O., S. 11 ff., 25 ff., 50 ff.; Ihm schliessen sich an Seuffert, Komm. seit der 5. A., und Haugen, a. a. O. insb. Einleitung.

wird nur die versäumnisabwehrende Wirkung derselben übertragen. Der Säumige gilt nicht, als habe er im Termin verhandelt oder als habe er das Rechtsmittel ergriffen, sondern es wird nur der Erlass des Versäumnisurteils bezw. der Eintritt der Rechtskraft für ihn gehindert. Das Anerkenntnis des Erscheinenden gilt z. B. nicht als Anerkenntnis Aller. Es ergeht nicht das vorläufig vollstreckbare Anerkennungsurteil der §§ 307, 708 C. P. O. Der Säumige ist in folgenden Terminen und Instanzen an jenes Anerkenntnis nicht gebunden (S. 28 ff). Entscheidend ist nicht, was der Fleissige verhandelt, sondern nur, dass er thätig bleibt. Der Inhalt seiner Handlung wird nicht direkt auf den Säumigen übertragen, beeinflusst aber doch auf dem Umwege durch das Urteil das gemeinsame Rechtsverhältnis. Wer die Berufungsfrist versäumt, wird bei Berufung des anderen Genossen nicht mit diesem Partei zweiter Instanz, sondern hat lediglich die Möglichkeit behalten, es noch zu werden, u. z. durch den Akt der Anschliessung, analog dem § 521 C. P. O. (S. 50 ff.)[1]).

III. Der Gegensatz beider Ansichten ist also nicht ohne praktische Bedeutung. Hier wird nur die versäumnisabwehrende, dort werden sämmtliche Wirkungen, welche die Thätigkeit des fleissigen Genossen für ihn selbst äussert, auch auf den anderen übertragen. Hier kommt diese Thätigkeit für den Ausgebliebenen in erster Linie als formelles Verhandeln, dort zunächst als materielle Urteilsgrundlage in Betracht. Hier wird lediglich Versäumnisurteil bezw. Rechtskraft verhindert, dort wird ein Thatbestand gesetzt, der neben diesen

[1]) Ueber die dem Gesetzgeber offenstehenden Möglichkeiten vgl. Loi sur la proc. civ. du canton de Genève, Bellot 1870, S. 67 ff.; Motive zum österr. Entw. einer C. P. O. 1893, S. 196.

Wirkungen noch weitergehende Folgen äussert. Hier wird der Prozess des Säumigen als schwebend angesehen (Hachenburg, S. 52), dort wird er zugleich mit dem Fleissigen fortgeführt. Hier ist nur der Schlussakt des Prozesses, das Urteil, für alle gemeinsam (Hachenburg, S. 74), dort ist jede Prozesshandlung des Erschienenen als gemeinschaftlich anzusehen.

§ 5. b. Kritik Hachenburg's aus geschichtlichen und begrifflichen Gründen.

Welche Ansicht verdient de lege lata den Vorzug? Die Frage lässt sich am Besten durch Prüfung der Gründe beantworten, welche Hachenburg — mit grossem Geschick — für seine Theorie geltend macht. Diese Gründe sind teils — u. z. vornehmlich — historischer, teils auch dogmatischer Natur [1]).

I. Hachenburg hat zuerst — in sehr verdienstlicher Weise — als die ursprüngliche Quelle des § 62 C. P. O. den art. 153 des französischen code de procédure civile nachzuweisen gesucht [2]). Aus dem hier geregelten Verbindungsurteil soll, mit lediglich formalen Aenderungen geringer Bedeutung, § 62 C. P. O. entstanden sein. Die Grundgedanken seien hier wie dort die gleichen.

---

[1]) Gegen Hachenburg: Dreyer, Rass.-K. 38, S. 33 ff.; Wachenfeld, S. 127 f.; Kleinfeller, K. V. J. N. F. XVI, S. 222 ff., Hellmann, Z. XVII, S. 9 ff.; Meyer. Z. XIV, S. 367 f.; Kommentar von Wilmowski-Levy I. A., Petersen, 3 A., Gaupp, 3 A. zu § 59 = 62 d. verändert. C. P. O.

[2]) Allerdings schon Barazetti, a. a. O., S. 382: In den Fällen des § 62 „habe ein Verbindungsurteil zu ergehen entsprechend den art. 152, 153 C. d. proc.“

In Wirklichkeit dürfte jedoch eine wesentliche Verschiedenheit zwischen beiden Bestimmungen obwalten; auch lässt sich im Einzelnen aus der Entstehungsgeschichte des § 62 C. P. O. nachweisen, wie dieser Gegensatz entstand.

1) Dass ein solcher besteht, zeigt ein Blick auf beide Bestimmungen. Nach art. 153 soll, wenn von mehreren Beklagten einer säumig ist, zunächst die Thatsache der Versäumnis festgestellt, und die Verbindung der mehreren Prozesse durch ein besonderes Urteil ausgesprochen werden: — Verbindungsurteil, jugement de jonction, — welches mit neuer Terminsbestimmung durch einen huissier commis dem Ausgebliebenen zugestellt wird. In der folgenden Tagfahrt wird, ohne Rücksicht auf fernere Versäumnis, verhandelt und das gemeinsame Erkenntnis ist auch für den ausgebliebenen mit dem Einspruch (— opposition —) nicht anfechtbar [1]).

Von dem besonderen Verbindungsurteil und der vorgeschriebenen Vertagung kann hier zunächst abgesehen werden [2]) Wichtiger ist dagegen der Zusammenhang des art. 153 mit den Grundsätzen des französischen Versäumnisverfahrens überhaupt. Nach art. 150 C. d. proc. civ. werden, falls ein Beklagter ausbleibt, die gegnerischen Behauptungen nicht ohne Weiteres als

---

[1]) Reiche Litteraturangaben bei Hachenburg, S. 19, Anm. 1; ausserdem Dreyer, S. 33; Carré, proc. civ. et adm. II, 36; Mourlon, proc. civ., S. 148; Wachenfeld S. 38. Ferner Kohler, prozessrechtl. Forschungen, S. 36 ff., und die dortigen zahlreichen Citate. Daselbst auch interessante Nachweise über ähnliche Rechtsbildungen in Italien, S. 22, § 9; Genf, S. 43; Bayern, S. 36; England, S. 50 und Indien, S. 55.

[2]) Beide Besonderheiten, welche übrigens der Quelle des art. 153, einer Verfügung aus dem Jahre 1738 fremd waren, entspringen Billigkeitsrücksichten.

zugestanden betrachtet, sondern gelten nur dann als wahr, „si elles se trouvent justes et bien vérifiées." Ob nun dies der Fall ist, kann der Richter, wenn einer von mehreren Beklagten ausbleibt, auch diesem gegenüber mit Bestimmtheit erst dann entscheiden, nachdem der Fleissige verhandelt hat: Denn es dreht sich um einen seul et même objet: art. 151[1]).

Danach wäre schon nach den gewöhnlichen Grundsätzen des französischen Rechtes der Erlass widersprechender Urteile nicht zu befürchten, und ist die Vertretungsbefugnis des Erschienenen in art. 153 überflüssig. Dagegen könnte der Säumige, wenn für ihn die Entscheidung in nicht kontradiktorischer Form erginge, dieselbe mit dem seinem erschienenen Genossen nicht zustehenden Einspruch anfechten. Dies soll verhindert werden. Der Schwerpunkt der Bestimmung liegt demnach im Ausschluss der Opposition: „il sera statué par un seul jugement, qui ne sera pas susceptible d'opposition". Dies ist der — rein negative — Inhalt des art. 153[2]). Dass aber die Vorschrift in Zusammenhang mit dem Mangel einer formalen Versäumnisfolge und dem vielmehr zur Anwendung kommenden Grundsatze freier Beweiswürdigung gegenüber dem säumigen Beklagten (art. 150) steht, zeigt ihre ausschliessliche Beziehung auf den Fall der Beklagtenmehrheit; denn nur hier greift jenes rich-

---

[1]) Vgl. Boitard, S. 286, Carré, S. 36: le tribunal n'aura complétement vérifié la demande, qu'après que le défendeur comparu aura déduit ses moyens.

[2]) Bezeichnenderweise wird im französischen Rechte überall nur die Gefahr eines nachträglichen, durch die Opposition des Säumigen herbeigeführten Gegensatzes der Urteile hervorgehoben. Vgl. Boitard, S. 287, Schlink, 2. A. II, S. 627, Carré, S. 37.

terliche Ermessen Platz [1]). Auch entspricht es jenem Grundgedanken, dass art. 153 nicht auch versäumte Fristen betrifft [2]), und nur der Versäumnis des ersten Termins gedenkt: bei späterer Versäumnis ergeht nämlich schon nach gewöhnlichen Grundsätzen kein Versäumnisurteil.

Nach deutschem Rechte dagegen knüpft sich an die Parteiversäumnis in allen Fällen eine formell feststellende Wirkung. (§§ 330, 331 C. P. O.) Dieselbe könnte bei einer Streitgenossenschaft dem Säumigen gegenüber ein anderes Urteil nötig machen, als es für den Fleissigen zu ergehen hätte. Hier gilt es, nicht erst die Möglichkeit einer späteren Einzelanfechtung, sondern schon den unmittelbaren Erlass widersprechender Urteile zu verhüten. Der deutsche Richter muss erst in die Lage gesetzt werden, die Thätigkeit des fleissigen Genossen für den anderen zu verwerten: daher wird im vorliegenden Falle die Vertretung angenommen. Die Form des § 62 ist demnach keine zufällige. Sie erklärt sich aus dem Umstande, dass nach deutschem Rechte die Versäumnisfolgen für den Beklagten radikaler als nach französischem Rechte geregelt sind, und dass deshalb auch das Korrektivmittel gegen dieselben radikaler ausfallen musste. Deshalb kann sich auch § 62 C. P. O., im Gegensatz zum art. 153 c. d. pr. c. auch den Fall der Klägermehrheit, auf alle Termine, nicht nur den ersten, und auf versäumte Fristen beziehen.

2) Wie der eben dargestellte Gegensatz sich

---

[1]) Mehrere Kläger müssen einen gemeinsamen avoué bestellen.

[2]) Hier half übrigens art. 151: Die längste Frist ist für alle Genossen massgebend (Vergl. schon ordonn. 1667, tit. 5, art. 3).

entwickelte, zeigen die Beratungen der Prozesskommissionen [1]).

Die Vorlage der hannoverschen Prozesskommission [2]) gab im Wesentlichen den französischen Gedanken wieder. Nach § 176 erhält „das Urteil, welches auf die mit dem erschienenen Teil gepflogenen Verhandlungen ergeht, auch zum Vorteil wie zum Nachteil des nicht erschienenen Genossen die Wirksamkeit eines kontradiktorischen Urteils, gegen welches Einspruch nicht zulässig ist".

Bei der Beratung wurde ein — von Hachenburg nicht erwähnter — Antrag I gestellt, welcher zwischen teilbarem (§ 276) und unteilbarem Streitgegenstande (§ 276 [a]) unterschied [3]). In dem letzteren Falle (S. 1744) sind bei Säumigkeit einzelner Genossen „die Prozesshandlungen der Erschienenen so anzusehen, als seien sie zugleich in gültiger Vertretung der nicht Erschienenen vorgenommen worden" [4]). Begründet wurde die Fiktion durch die Erwägung, der Erlass eines kontradiktorischen Urteils gegenüber einer säumigen Partei widerspreche gewöhnlichen Prozessgrundsätzen (S. 1743).

[1]) Ueber die Bedeutung der Materialien für die Gesetzesauslegung mit bes. Beziehung auf das Prozessrecht: Schultze, Nebenint., S. 44 ff. Daselbst reiche Litteraturnachweise. Zum Folgenden: Harmening, S. 197 ff.; v. Amelunxen, S. 42 ff.; Hachenburg, S. 19 ff.; Wachenfeld, S. 21 ff.

[2]) Vrgl. die Protokolle der hannover'schen Kommission zur Beratung des Entwurfs einer bürgerlichen Pr. O. f. d. deutschen Staaten, Hannover 1863 ff.: V. S. 1742 ff. Vrgl. auch schon § 372 der Hannov. allg. bürgerl. Pr. O.

[3]) Dieser Unterschied in den Voraussetzungen war gegenüber der zu weiten Fassung der Hann. Pr. O., § 372 schon in der hann. Praxis gemacht worden. Vergl. Prot. 1751 oben.

[4]) In diesem Antrage liegt offenbar die Quelle unseres § 62 C. P. O. Anders Hachenburg S. 21, der die erste Spur des § 62 in einem späteren Antrage findet. (Prot. S. 5559.)

Ueber die Bedeutung des Antrags und seinen Gegensatz zum französischen Rechte war man sich im Klaren. Nach dem Antrage musste „in dem Falle, dass der erschienene Beklagte B. den Anspruch des Klägers zugestehe, dieses Geständnis auch für den Ausgebliebenen C. bindend und massgebend sein". (Prot., S. 1748.) Auch wurde bei einer späteren Lesung bemerkt (S. 6294), zur Vermeidung widersprechender Urteile, z. B. bei der confessoria mehrerer Miteigentümer, „empfehle sich nicht das sog. Verbindungsurteil, sondern die Bestimmung des in erster Lesung gestellten Antrages I".

In aller Deutlichkeit enthält den Vertretungsgedanken der auch in anderen Beziehungen vom art. 153 c. d. pr. civ. abweichende § 393, Abs. 3 des preussischen Entwurfs[1]): „Die von den erschienenen Streitgenossen vorgebrachten Anführungen und Beweise sind, soweit sie den nicht Erschienenen günstig sind, auch als für diese angeführt und beigebracht anzusehen". Die Motive reden sogar davon, dass die Ausgebliebenen wirklich „mitvertreten" werden. (S. 87)[2]).

---

[1]) Vergl. Entwurf einer Pr. O. in bürgerlichen Rechtsstreitigkeiten für den preussischen Staat nebst Motiven: Berlin 1864. Schon nach preuss. Entw. v. 1848 (§ 15) sollen bei unteilbarem Streitgegenstand alle Handlungen eines Genossen für den anderen wirken.

[2]) Aehnlich auch art. 317, Abs. 1, bayr. P. O. von 1869. Danach gelten Einwendungen des verhandelnden Genossen, „als wenn auch die nicht erschienenen sie vorgebracht hätten". Vergl. dazu Schmidt d. bayer. C. P. 1872, II. 689; Barth, Komm. z. bayr. C. P. O. II, S. 150; Wernz, Komm. z. art. 316—318, Nr. 1 u. 15.

Nach einem bayerischen Entwurf von 1819 sollte sogar ein nichtklagendes oder nichtverklagtes Rechtssubjekt von Amtswegen mit dem Praejudiz beigeladen werden können, es habe „die Rechtsverfolgung oder Verteidigung dem allein auftretenden Kläger oder Beklagten überlassen" (§ 87).

In der norddeutschen Prozesskommission wurde für bestimmte Fälle das Verbindungsurteil verteidigt, jedoch ohne Erfolg [1]). Vielmehr beschloss die Kommission, dass unter bestimmten Voraussetzungen „eine Verbindung notwendig eintreten sollte dergestalt, dass gegen die einzelnen säumigen Genossen kein Versäumnisurteil ergehen soll, sondern der erschienene Streitgenosse sie in dem versäumten Termine vertritt“. Dieser Gedanke fand in der Redaktionskommission, § 95, unter Mitberücksichtigung des Falles versäumter Fristen, im Wesentlichen die gleiche Form wie die in § 62 C. P. O. [2])

Die Motive der C. P. O. setzen zu § 58 (= 61 neue C. P. O.) die Gründe auseinander, warum von der Aufnahme des Verbindungsurteils abgesehen wurde. Dagegen erwähnen sie dasselbe bei Begründung des § 59 (= 62 neue C. P. O.) mit keinem Worte. Einen Zusammenhang zwischen § 62 C. P. O. und art. 153 C. d. proc. civ. scheint demnach der Gesetzgeber nicht empfunden zu haben [3]).

Wie der Vertretungsgedanke in den Entwurf kam,

Dies soll der Fall sein einerseits, wenn der Streitgegenstand unteilbar ist (§ 85), andrerseits, wenn ohne Beiziehung des Dritten die Legitimation mangelhaft wäre (§ 121): ähnliche Voraussetzungen wie in § 62 C. P. O. Vrgl. auch bayr. Entw. v. 1869, § 65. Desgl. Linde's Vorschläge in Z. f. Civil-R. u. Pr. XVI., S. 137, 104.

[1]) Vrgl. Prot. d. Komm. zur Ausarbeitung d. Entw. einer C. P. O. f. d. norddeutschen Staaten II., S. 636 ff.

[2]) § 95 Nordd. Entw. enthielt den Zusatz: „insbesondere kann . . . . ein Versäumnisurteil nicht ergehen“. In art. 153 C. d. proc. civ. war dieser Punkt die Hauptsache; nunmehr war er nebensächlich und selbstverständlich. In § 62 konnte er ausfallen.

[3]) So mit Recht schon Dreyer, a. a. O., S. 33 ff.

ist also nicht völlig aufgeklärt. Hachenburg, S. 26, vermutet eine Nachwirkung verschiedener Institute des gemeinen und partikulären Prozessrechtes, einmal der Notwendigkeit eines gemeinsamen Vertreters[1]), sodann der vermuteten Vollmacht, mit welcher der fleissige Genosse für den anderen versehen war[2]), endlich der Adcitation[3]). Hellmann (a. a. O. S. 11)

[1]) Für Preussen, Instrukt. vom 7. IV. 1839 (— in der A. G. O. f. d. preuss. Staaten nur bei gemeinschaftlicher Appellation. tit. I, §. 187 —), Preuss. Revision 1830, § 87; — Hannover, § 335. — Baden, 1832: § 98, u. 1864: §§ 104, 240, 341. — Erläut. sächs. Pr.-O. IV., § 3, Sachsen, 1862: § 301, wonach auch eine Partei zugleich als Vertreterin der anderen zugelassen wird. — Bayr. Ger.-Ord., Kap. VII, § 3, Ziff. 9, Bayr. C. P. O. 1869, art. 64, 234. — Oldenburg, art. 48. — Meiningen, 1862, art. 28. — Schwarzburg-Rudolfstadt, 1858, § 4. — Lübeck, § 24. — Luzern, § 79. — St. Gallen, § 47. — Zug, § 16. Anders Württemberg, 1869; vergl. die Gründe in den Kommissiousber. S. 64 ff. Für das gemeine Recht l. 31, § 5 D. (21, 1); l. 42, § 6 D. de procur. (3, 3); l. 5, § 7, jud. solvi (46, 7). — Mevius, Dec. IV, 63, II, 342; Hofacker, princ. j. com., § 4262; Grolmann, § 61; Danz, § 108; Claproth, I, § 66, II, 126; Glück, V, S. 275; Nettelbladt, Prakt. Gelehrs. § 266.

[2]) C. 2 l. (3, 40), c. 3 Clem. de proc. (1, 10); für Oesterreich, Hofkanzleidekret, 4. IX. 1801, Hofdekr. vom 5. III. 1847.

[3]) Ueber die Adcitation im gemeinen Recht Harmening, a. a. O., S. 204 ff.; Canz, de adcit. tertii, Tüb. 1759; Asverus, Inaug.-Diss. ad nov. 99, Jena 1822; Hagemann, Prakt. Erört. VI., p. 335 ff.; Gönner, Handb. I, 13, § 3, I, 19; Reiche Litteraturnachweise bei Brackenhoefft, Erört. S. 318 ff. Bisher nicht benutzt in der Litteratur ist der interessante Fall bei Schilter, Cons. Argentor. vol. nov. Argent. (Staedler) 1701, S. 671, Resp. 114, der sich in einem Prozess des Klosters Skt.-Stephan zu Strassburg gegen die Gemeinde Ruprechtsau, gegen die Adcitation erklärt: „Das Wecken eines schlafenden Hundes". Adcitationsähnlich die Institute

verweist auf die Fassung des art. 317 bayr. C. P. O. Vielleicht mag auch die civilrechtliche Eigenart gewisser hier einschlagender Fälle mitgewirkt haben: Der Einzelne ist nach dem Ausdruck der Motive S. 82 zur Vertretung des streitigen Rechtes in solidum befugt. Uebrigens wird auch der Vertretungsgedanke schon durch die Natur der Sache ziemlich nahe gelegt, wie Dreyer und Kleinfeller a. d. a. O. mit Recht bemerken.

II. Hachenburg macht für seine Ansicht, abgesehen von der Entstehungsgeschichte des Gesetzes, auch noch andere Gründe geltend.

1) Zunächst den Wortlaut des § 62 C. P. O. (S. 26). Die Regel sei: bei Unthätigkeit greifen die Versäumnisfolgen Platz. Eine Bestimmung nun, welche, wie § 62 C. P. O., eine Ausnahme von dieser Regel schaffen wolle, werde naturgemäss nur den Eintritt jener Versäumnisfolgen ausschliessen. Der Inhalt des § 62 sei demnach blosse Versäumnisabwehr.

Dabei dürfte aber doch wohl übersehen sein, dass eine Sondervorschrift nicht notwendig auf das gerade Gegenteil der durch sie ersetzten Norm gerichtet zu sein braucht. Insbesondere ist nicht gesagt, dass sie bloss die Regel aufhebt, ohne an deren Stelle ein Anderes zu setzen. Gerade bei § 62 thut der Gesetzgeber das Letztere. Er begnügt sich, und mit Recht, nicht mit dem Ausschluss der Versäumnisfolgen; er setzt vielmehr andere Wirkungen an ihre Stelle. Versäumt wird ja, genau genommen, nicht der Zeitraum, sondern eine innerhalb desselben vorzunehmende Handlung. Erst die Beziehung auf diese giebt dem Ver-

---

der A. G. O., V., § 4, Nr. 7 u. 8, u. Preuss. Entw. 1848, § 26: Vergl. noch bayr. Entw. von 1819, § 85. Ausdrückl. schliesst die Adcit. aus die bayr. P. O. von 1869.

säumnisbegriff seinen rechtlichen Inhalt. Will der Gesetzgeber die Versäumnisfolgen ausschliessen, so ist es naheliegend, dass er die unterlassene Handlung als vorhanden setzt.

Bei unbefangener Betrachtung stimmt denn auch diese Auffassung am Besten zum Wortlaut des Gesetzes. Der Säumige wird „als vertreten angesehen". Vertreten ist aber eine Partei, für welche die Handlungen einer anderen Person in gleicher Weise wirken, als wären sie von der Partei selbst vorgenommen worden" (arg. C. P. O., § 85). Das Gesetz kann im § 62 also nur sagen wollen: Die Thätigkeit des erschienenen Genossen soll wie eine entsprechende Thätigkeit des säumigen wirken; auch für den letzteren sollen ihre Rechtsfolgen eintreten. Diese Rechtsfolgen erschöpfen sich aber nicht in der Bedeutung jener Thätigkeit für das richterliche Urteil. Es ist nicht gleichgültig, ob man sagt: Die Entscheidung ist eine gemeinsame, oder aber: Die ihr zu Grunde liegende Handlung wirkt für den Anderen. Jede Prozesshandlung hat vielmehr, abgesehen von ihrer Eigenschaft als Urteilsvorbereitung oder Urteilsgrundlage, auch eine speziellere, ihr eigentümliche Bedeutung für die Gestaltung des Rechtsstreits. Jede modifiziert das zwischen den Parteien bestehende Rechtsverhältnis, bezw. schafft ein neues prozessuales Rechtsverhältnis, oder, um mit Kohler zu reden, eine prozessuale Situation. Man denke an die Anträge, die zahlreichen Prozessrechtsgeschäfte u. s. w.

Ueberall nun soll, wie im Falle wirklicher Vertretung, so im Falle des § 62 C. P. O., der Prozess des einen Subjektes durch die Handlungen des anderen in bestimmter Weise betrieben, gefördert, modifiziert, unter Umständen auch beendet werden. Die Thätigkeit des fleissigen Konsorten, ebenso wie die eines Vertreters, hindert nicht bloss die präkludierende Wirkung der Versäumnis für den anderen, sie hält dessen Prozess nicht bloss in der Schwebe, sondern sie führt ihn Schritt für Schritt allmählich weiter, sie beeinflusst und gestaltet ihn fortwährend bis zu dem Endurteil.

Kaum jemals wäre das Gesetz auf den Vertretungsgedanken gekommen, wenn nicht schon die Parteihandlung des einen Genossen, sondern erst die für ihn ergehende Entscheidung für den anderen wirken sollte. Der prozessuale Vertretungsbegriff setzt voraus, dass unmittelbar die Wirkungen der Einzelhandlung übertragen werden.

2) Eine andere Regelung wäre denn auch unnatürlich genug. Postulat ist ja Uebereinstimmung der Urteile. Am sichersten würde dazu führen übereinstimmende Parteithätigkeit. Im Falle des § 62 aber handelt ein Genosse, der andere nicht. Was liegt näher, als für den Letzteren, obgleich er unthätig ist, dennoch unmittelbar die gleichen Wirkungen eintreten zu lassen, als hätte er wie der Fleissige selbst gehandelt? Und ist dies der Gesetzesgedanke, was liegt näher als der Hinweis auf den Vertretungsfall?

Dazu kommt weiter. In gewissen Fällen der besonderen Streitgenossenschaft, namentlich der zweiten Kategorie des § 62 C. P. O., ist das einzelne Rechtssubjekt allein zur „Vertretung der Sache" nicht legitimiert (Motive S. 81), vielmehr gemeinschaftliches Prozessieren erforderlich: Hier wäre bei Unthätigkeit eines Genossen der Fortgang sämmtlicher Prozesse gehemmt. Dies will aber § 62 C. P. O. für solche Fälle gerade vermeiden, und deshalb soll ein Genosse unmittelbar mit Wirkung für den Andern handeln können. Hachenburg's Vorstellung, als führe der thätige Genosse seinen Prozess allein weiter, würde hier der vom materiellen Rechte bestimmten Notwendigkeit gemeinschaftlicher Rechtsverfolgung direkt zuwiderlaufen.

Nach Hachenburg selbst ist doch das Ziel des § 62 C. P. O. die „Gleichheit der Prozesslage, die Identität der mehreren Prozessrechtsverhältnisse“ (S. 5). Dadurch aber, dass „jede durch das Unterlassen eines Genossen eintretende Veränderung seiner prozessualen Lage durch die Thätigkeit des anderen aufrechterhalten und vereitelt wird“ (S. 28), ist jenes Ziel nicht erreicht. Dies wäre nur dann der Fall, wenn der Rechtsstreit des fleissigen Genossen seinerseits nicht vom Fleck käme. In Wirklichkeit aber wird er gerade durch jene Thätigkeit fortgeführt und ausgestaltet. Daher muss diese Gestaltung, um den bezeichneten Zweck zu erfüllen, auch den anderen Prozess beeinflussen, ihm im Einzelnen den gleichen Entwickelungsgang geben und dem gemeinschaftlichen Ende zuführen.

3) Endlich erhebt Hellmann, Z. XVII, S. 12 ff. gegen Hachenburg den sehr treffenden Einwand, unsere C. P. O. kenne „eine Abwehr von Versäumnisfolgen in abstracto, ein inhaltloses Handeln“ nicht. Folglich könne der Richter nicht angewiesen werden, den Säumigen so zu behandeln, als ginge von ihm ein derartiges Handeln aus.

Die formelle Eigenschaft der Parteithätigkeit als Verhandeln und ihre inhaltliche Bedeutung können praktisch nicht auseinander gerissen werden. Mit ihrem materiellen Inhalt, d. h. ihrem Einfluss auf Prozessgang und Urteil, verliert sie gerade das Element, vermöge dessen sie den Eintritt der Versäumnisfolgen abzuwehren geeignet sind. Weil das Verhandeln einer Partei ihren Prozess weiterführt, hindert sie die Versäumnis. Beide Wirkungen sind Kehrseiten einer und derselben Erscheinung. Wirkt das Verhandelte nicht durch seinen Inhalt, so wirkt es überhaupt nicht. Eine Trennung ist logisch und rechtlich undenkbar. Und wäre selbst die Unterscheidung durchzuführen, so wäre sie beim § 62 unzulässig. Denn dieser spricht in der Form des Vertretungsgedankens von einer erweiterten Wirkung schlechtweg und ohne alle Unterscheidung. Nichts berechtigt dazu, diesen Ausspruch in einschränkendem Sinne zu deuten, und in das Gesetz einen von diesem nicht gemachten Unterschied hineinzulegen.

2. Die Grundgedanken des § 62 C. P. O.

§ 6. a. Gemeinsame Fortführung der mehreren Prozesse.

Der Prozess lässt sich von zwei Seiten aus betrachten. Aeusserlich stellt er sich dar als ein fortschreitendes Verfahren, als eine rechtlich geregelte Reihenfolge von Handlungen des Gerichtes und der Parteien. Seinem rechtlichen Kerne nach erscheint er dagegen als ein Mittel zur autoritativen Feststellung von Privatrechten und Rechtsverhältnissen. Der Prozess ist einerseits — formell — ein Rechtsgang, andrerseits — materiell — ein staatliches Institut zum Zwecke der Rechtsverwirklichung durch Rechtsfeststellung.

In beiden Richtungen nun, sowohl was den Fortgang des Verfahrens als auch was den Inhalt der Entscheidung betrifft, ist das Schicksal des Rechtsstreits, entsprechend der Dispositions- und Verhandlungsmaxime, wesentlich abhängig vom Verhalten der Parteien. Sie sind es auf der einen Seite, die den Prozess als Rechtsgang in Bewegung setzen und durch ihr Handeln fortführen. Sie sind es auf der anderen Seite, die den materiellen Gegenstand des Rechtsstreits und den Inhalt der künftigen Entscheidung durch ihre Handlungen oder durch ihre Säumigkeit bestimmen.

Ihre Unthätigkeit hat demnach eine doppelte Wirkung. Sie beeinflusst zunächst den formellen Fortgang des Verfahrens, sei es im Ganzen, sei es in gewissen Beziehungen. Sie beeinflusst andrerseits vermöge der formalen Versäumnisfolgen der §§ 330, 331 C. P. O. die Urteilsgrundlage in bestimmter Weise. Im Falle der Streitgenossenschaft insbesondere müsste nach gewöhnlichen Grundsätzen die Unthätigkeit eines Genossen eine doppelte Möglichkeit schaffen: einerseits Auseinanderreissung der bisher verbundenen Prozesse, von denen einer weitergeführt, der andere gehemmt, oder beendet würde, andererseits Verschiedenheit der Prozessresultate.

Beides will nun § 62 C. P. O. verhindern. Er verwirklicht demnach zwei Strebungen. Es sollen einerseits die verbundenen Rechtsstreitigkeiten schon äusserlich verbunden bleiben; zweitens: es sollen innerhalb dieser gemeinsam fortschreitenden Prozesse übereinstimmende Entscheidungen erlassen werden, u. z. auf Grund der Verhandlung des fleissigen Genossen. Das Prinzip des § 62 C. P. O. ist demnach: Gemeinschaftliche Fortführung der Prozesse und materielle Uebereinstimmung der Urteile. Wenden wir uns zunächst dem ersten Gesichtspunkte zu.

I. Schon bei der gewöhnlichen Streitgenossenschaft zeigt sich in einer Beziehung das Streben des Gesetzes nach gemeinschaftlicher Fortführung der gemeinsam begonnenen Prozesse. Nach § 63 C. P. O. nämlich soll jeder Genosse zur Betreibung des Prozesses befugt sein, und mit dem Gegner auch die eigenen

Genossen zur Verhandlung laden dürfen. Ueber diese Bestimmung ist jedoch die Tendenz der Prozessgemeinschaft in jenen Regelfällen nicht hinausgegangen.

Anders beim § 62 C. P. O. Hier soll die „notwendig eintretende Verbindung" (Nordd. Prot., S. 638, und Motive, S. 82) eine engere sein. Hier überwindet das Streben nach Gemeinsamkeit die gegenseitige Selbständigkeit der Prozesse. Der Rechtsstreit eines Genossen soll nicht allein zurückbleiben, der des Fleissigen nicht allein weitergeführt werden. Ueberall wird vielmehr schon äusserlich eine gleiche rechtliche Lage der sämmtlichen Prozesse erstrebt [1]). Daraus folgt unmittelbar, dass alle den Prozessbetrieb betreffenden Handlungen des fleissigen Genossen im Termine für den ausgebliebenen gleichfalls gelten [2]).

II. Die wichtigsten prozessualen Thatbestände sind Handlungen der Partei [3]). Auf diese beziehen sich denn auch unmittelbar die Bestimmungen unseres Gesetzes über bes. Streitgenossenschaft. Es giebt aber ausser der Unthätigkeit der Partei noch andere Thatbestände, die den Fortgang des Prozesses entweder in seiner Gesammtheit oder doch in bestimmten Beziehungen aufhalten. Es kann der Rechtsstreit dadurch unterbrochen werden, dass eine Partei stirbt oder in

---

[1]) Demgemäss wird denn auch das richterliche Trennungsrecht in den Fällen des § 62 C. P. O. sehr beschränkt sein. Fitting, Lehrb., 8. A., S. 103, Anm. 10, spricht von einer „unzertrennlichen "Streitgenossenschaft, Trutter, S. 112, von einer „Untrennbarkeit", Weismann, S. 158, Anm. 4, von „Unlösbarkeit".

[2]) Wachenfeld, S. 135, der allerdings den Vertagungsantrag unzutreffend als Prozessbetrieb auffasst.

[3]) Ueber prozessuale Thatbestände vergl. Schultze, Z. XII, S. 475, Pr. R. u. Pr., S. 287 ff.; Wach, Handb., S. 24; unten § 14.

Konkurs gerät, dadurch, dass sie oder ihr gesetzlicher Vertreter der Prozessfähigkeit verlustig geht. Es kann infolge des Todes eines Anwaltes eine Aussetzung des Verfahrens notwendig werden (§§ 239—244 C. P. O.) Es kann angezeigt erscheinen, auf Antrag einer Partei oder von Amtswegen für einen der verbundenen Prozesse eine Frist zu verlängern oder einen Termin zu verlegen. (§§ 224—228 C. P. O.) Es kann zur Beibringung eines Beweises (§ 356 C. P. O.) oder zur Nachbringung einer Vollmacht (§ 89 C. P. O.) einem Genossen eine Frist gewährt werden. Es kann in einem Prozesse die Verhandlung zur Hauptsache aufgeschoben sein bis zur Entscheidung über eine prozesshindernde Einrede. (§ 275 C. P. O.) Aehnliche Fälle in den §§ 364, 428, 432 C. P. O. In allen diesen — leicht zu vermehrenden — Beispielen ist die gleiche Trennungsgefahr vorhanden, wie sie § 62 für den Versäumnisfall vermeiden will. In allen wird demgemäss, entsprechend der Tendenz des § 62, eine formelle Einheitlichkeit des Verfahrens erstrebt werden müssen. Aber nicht auf dem gleichen Wege wie dort. Denn abgesehen davon, dass von einer Vertretung nur dann gesprochen werden kann, wenn eine Partei handelt, die andere dagegen unthätig ist, erschiene es höchst unbillig, wollte man hier den von jenen Thatbeständen nicht betroffenen Prozess fortschreiten lassen mit der Wirkung, dass zugleich mit ihm die übrigen Rechtsstreitigkeiten weitergeführt würden.

Vielmehr muss umgekehrt überall, wo die Hemmung eines Prozesses auf anderen Gründen als auf der Parteiversäumnis beruht, der für einen einzigen Genossen gegebene Thatbestand in dieser negativen Beziehung für alle wirksam sein. Hier werden die sämmtlichen Prozesse im Gegensatze zu § 62 C. P. O., nicht durch einen Genossen weitergeführt, sondern alle werden unterbrochen, ausgesetzt, vertagt, aufgeschoben. Der erweitert wirkende Thatbestand ist hier nicht die Fortführung, sondern die Hemmung des Rechtsstreites [1]).

Hierher gehört insbesondere auch der Fall, dass sämmtliche Genossen im Termine ausbleiben, dass aber gegen einen von ihnen ein Versäumnisurteil aus Gründen des § 335 C. P. O. nicht erlassen werden kann. Wollte man hier die übrigen sogleich durch Versäumnisurteil abweisen oder verurteilen, so wäre die Folge eine Trennung der Prozesse und, im Anschluss daran, eine Möglichkeit widersprechender Entscheidungen. Schon diese Möglichkeit ist thunlichst zu vermeiden. Es wird demnach eine gleichzeitige Vertagung sämmtlicher Prozesse der Tendenz des § 62 am Besten entsprechen, wenn sie auch nicht aus seinem Wortlaut zu entnehmen ist [2]).

Man wird noch weiter gehen und selbst dann eine gemeinschaftliche Vertagung verlangen dürfen, wenn einzelne Genossen erschienen sind und verhandeln wollen, aber dem Ausgebliebenen ein Entschuldigungsgrund des § 335 C. P. O. zur Seite steht: ein Fall,

---

[1]) So auch hinsichtlish der Unterbrechung und Aussetzung Hachenburg, S. 71 ff.; Dreyer, S. 18; Kohler, S. 102, Anm.

[2]) So auch Hachenburg, S. 45; Kleinfeller, K. V. J., N. F., XVI., S. 229; Dreyer, S. 18; Troll, Versäumnisurteil, S. 49; Anders Wachenfeld, S. 139. Richtig: § 402, Abs. 2, der neuen österreichischen C. P. O: „Der Antrag, gegen Streitgenossen wegen Versäumnis das Urteil zu fällen, ist bei dem Vorhandensein einer nach § 14 (= § 62, C. P. O.) zu beurteilenden Streitgenossenschaft zurückzuweisen, wenn auch nur betreffs eines der Streitgenossen der Nachweis der Ladung fehlt oder eines der in Ziff. 2 angeführten Hindernisse obwaltet".

der insbesondere auch so denkbar ist, dass gerade die betreibende Partei unter Verletzung des § 63 C. P. O. ihren eigenen Genossen nicht geladen hat, der dann im Termine ausbleibt [1]).

In einem Falle endlich muss das Streben nach einer übereinstimmenden äusseren Prozesslage dahin führen, dass die für einen Genossen allein gegebene Möglichkeit, seinen Prozess weiterzuführen, auch dem anderen Streitgenossen nützt. So kommt die Wiedereinsetzung eines Genossen in den vorigen Stand auch dem anderen zu Gute, der die Frist ohne den gleichen Restitutionsgrund versäumt hatte. Dies allerdings nur insoweit, als jene Wiedereinsetzung eine Weiterführung des Prozesses wirklich nach sich zieht. Wenn demnach der Antragsteller seinerseits die versäumte Prozesshandlung nicht selbst nachholt, so können es auch die anderen Genossen nicht. Vielmehr bleibt es dann für alle bei den bereits eingetretenen Versäumnisfolgen [2]).

III. Es sollen zwar die mehreren Rechtsstreitigkeiten, solange sie nebeneinanderbestehen, womöglich gemeinsam fortschreiten. Dagegen sind sie nicht in der Weise aneinander gebunden, dass die Fortführung oder Beendigung des Einen ohne gleichzeitigen Fortgang oder Schluss des Anderen rechtlich unmöglich wäre.

Jeder Genosse kann vielmehr, wie er nach freiem

---

[1]) Vergl. die Kommentare von Seuffert, Struckmann-Koch, Wilmowski-Levy, Gaupp, Petersen zu § 60 = § 63 d. revid. C. P. O.

[2]) So mit Recht Kleinfeller, K. V. J. N. F. XVI, S. 230; Wachenfeld, S. 144, unter Hinweis auf den Vertretungsgedanken. Ferner Hachenburg, S. 49, Dreyer, S. 182.

Ermessen über Erhebung oder Nichterhebung seiner Klage entscheidet, so auch über die Weiterdauer seines Prozesses selbständig verfügen. Erledigt sich für einen Genossen der Rechtsstreit ohne Entscheidung über das materielle Recht, so sind widersprechende Urteile in demselben Verfahren nicht zu befürchten, und die Bestimmungen des § 62 C. P. O. daher nicht anzuwenden. Der einzelne Genosse kann daher ohne Rücksicht auf den anderen seine Klage wirksam zurücknehmen (§ 271 C. P. O.), auf die Einlegung des Einspruchs oder eines Rechtsmittels gültig verzichten (§§ 346, 514, 566); oder ein solches, wenn es bereits ergriffen wurde, mit Wirksamkeit für sich zurückziehen (§ 515, 522, 566) [1]).

Die gleiche Unabhängigkeit der Genossen gilt, wie für den Verzicht auf ein prozessuales Angriffsmittel oder wie für die Zurücknahme eines solchen, auch für die Einwilligung in die bezeichneten Handlungen oder den Widerspruch dagegen. Erfolgt insbesondere Widerspruch oder Einwilligung im Termine, so greift der Vertretungsgedanke nicht Platz. Dem Säumigen gegenüber wird nach den gewöhnlichen Grundsätzen der §§ 330, 331 C. P. O. verfahren [2]).

---

[1]) Anders Weismann, S. 159, Anm. 8 i. f. Dreyer, S. 44. Nach v. Kries, Rechtsmittel, S. 37, bindet sogar der Rechtsmittelverzicht eines Genossen die anderen. Uebrigens können diese Handlungen auch ausserhalb des Termins erfolgen. Dass hier jeder Genosse offenbar nur für sich handelt, bestätigt die im Text vertretene Auffassung.

[2]) Zustimmend für Klage- und Rechtsmittelzurücknahme und Einwilligung in dieselbe: Wachenfeld, S. 137; Wilmowski-Levy, 7. A., S. 117; für Verzicht auf Einspruch und Rechtsmittel dieselben, sowie Hachenburg, S. 53. Hinsichtlich der Klagzurücknahme anders Petersen für die notwendige Streitgenossenschaft im engeren Sinne. In

Endlich sind auch hinsichtlich des Vergleichs die Genossen unabhängig von einander, nnd gilt in dieser Beziehung der Säumige nicht als durch den Fleissigen vertreten. Der Vergleich berührt zwar nicht nur den Rechtsstreit, sondern auch das streitige Recht. Er löst aber den Prozess ohne richterliche Entscheidung. Er bildet nicht, wie Verzicht oder Anerkenntnis, eine Urteilsgrundlage, sondern einen Prozessbeendigungsgrund. Er begründet daher, vom Fleissigen vorgenommen, niemals einen Widerspruch der Erkenntnisse, wie ihn die besondere Streitgenossenschaft vermeiden will. Deshalb unterliegt er nicht den §§ 62, 472 C. P. O.[1]).

§ 7. b. Gemeinsame Grundlage der mehreren Urteile. Kritik der Schutztheorie.

Die Prozesse sollen gemeinschaftlich weitergehen. Sie sollen es, damit innerhalb derselben übereinstimmende Entscheidungen leichter und sicherer erzielt werden. Die mehreren Sachen sollen das äussere Schicksal teilen, um zu der gleichen materiellen Feststellung zu gelangen. Zu diesem Zwecke soll nicht nur das Verfahren, sondern auch der für das Urteil in Betracht kommende Prozessstoff für alle Rechtsstreitigkeiten gemeinsam sein.

Dieser Stoff wird aber nach dem Grundsatze unserer C. P. O. dem Richter mündlich vorgelegt, und

---

allen Beziehungen anders Weismann, S. 105, Anm.: „Die Klagerhebung ist auch die Streitgenossenschaft untereinander bindende Disposition". Trutter, a. a. O., S. 112.

[1]) So auch Kleinfeller, K. V. J. N. F. XVI., S. 226; Seuffert, zu § 59; Kroll, Kl. u. Einr., S. 159, Anm. 14; Fitting, S. 105. Abweichend Petersen, 3. A., Bem. 25; v. Amelunxen, S. 71; Hellmann, S. 10 ff.

das dazu erforderliche Zusammenwirken von Richter und Parteien erfolgt im Verhandlungs termin. Die Fristen dagegen sind Zeitbestimmungen für einseitige Parteithätigkeit, für Handlungen unter Abwesenden. Sie dienen, wenn auch nicht ausschliesslich, so doch im Wesentlichen als zeitliche Schranken für gewisse Handlungen der Parteien und als wichtige Konzentrationsmittel im Prozess [1]).

Ihre Berücksichtigung in § 62 C. P. O. ist demnach vornehmlich von Bedeutung unter dem bereits oben dargestelten Gesichtspunkte einer formellen Gemeinschafr und Weiterführung der verbundenen Prozesse. Hier dagegen, wo es sich nicht um den formalen Betrieb, sondern um die Einheitlichkeit der materiallen Urteilsgrundlage handelt, kommen hauptsächlich die Termine in Betracht. Von ihrer Versäumnis wird daher im Folgenden die Rede sein, während die Fristversäumnis unten in § 15 zu behandeln ist.

I. Der Ausgebliebene wird betrachtet: erstens, als sei er erschienen; zweitens, als habe er verhandelt; und drittens, als habe er in der gleichen Weise verhandelt wie der fleissige Genosse. Aus diesen drei Gesichtspunkten gilt es, die hauptsächlichsten Folgerungen zu ziehen.

1) Der Ausgebliebene wird als erschienen angesehen, d. h. so betrachtet, als habe er von dem Verhalten des Gegners im Termin Kenntnis erhalten. Nimmt dieser Handlungen vor, zu deren Wirksamkeit nach gewöhnlichen Grundsätzen eine Kenntnis seitens des Ausgebliebenen erforderlich wäre, so sind sie dem

---

[1]) Grundlegend für die Fristenlehre, Schultze: Von den prozessualischen Zeitbestimmungen, insbesondere von den Fristen. Strassburger Festschrift für Planck, 1887, S. 1 ff.

letzteren gegenüber wirksam. So ist z. B. eine von der Gegenpartei anhängig gemachte Widerklage auch dem säumigen gegenüber erhoben. In gleicher Weise gilt eine neue gegnerische Thatsachenbehauptung, Zeugenbenennung, eine Klagänderung u. s. w. als zur Kenntniss des säumigen gelangt. Hierher gehört es endlich, dass Prozessakte, die zu ihrer Gültigkeit Vornahme gegenüber allen Genossen erheischen, insbes. Eideszuschiebungen nach § 472 C. P. O„ nur dem erschienenen Konsorten gegenüber zu erfolgen brauchen, der sich mit Wirkung für alle darauf erklären kann.

In dieser Besonderheit liegt eine Ausnahme vom Grundsatze des gegenseitigen Gehörs, eine Ausnahme, die sich auf die Erwägung gründet, dass die identischen Interessen sämmtlicher Genossen ohnehin durch den erschienenen gewahrt werden.

2) Es gilt als habe der ausgebliebene verhandelt, und insbesondere, wenn er Beklagter ist, als habe er sich mit dem erschienenen zur Sache eingelassen. Die prækludierenden Wirkungen der Einlassung des erschienenen treten demnach auch für den säumigen ein. Er kann später den wahren Besitzer nicht mehr benennen (§ 76 C. P. O.); verzichtbare prozesshindernde Einreden, sofern sie allen gemeinschaftlich zustanden (das Nähere unten in § 9), nicht mehr geltend machen (§§ 274, 275 C. P. O.); überhaupt einen das Verfahren betreffenden Mangel nicht mehr rügen (§ 295 C. P. O.). Ja, schon in einem früheren Moment verliert er das Recht auf Ablehnung eines befangenen Richters [1])

[1]) Vergleiche die Zusammenstellung dieser Thatbestände bei Schultze, a. a. O., S. 15. Der im Text vertretene Standpunkt wird von Hachenburg geteilt; doch wohl nicht ganz konsequent. Wenn der Säumige nicht als handelnd gilt, wie soll er praekludiert sein, da der Grund für die Rechtsverwirkung doch in einem bestimmten Handeln liegt?

3) Der ausgebliebene Genosse gilt, als habe er in der gleichen Weise verhandelt wie der erschienene. Darin liegt der Schwerpunkt unserer Bestimmung. Die Thätigkeit des fleissigen Genossen wirkt demnach für den anderen nicht nur, insofern sie die Versäumnis abwehrt, sondern vor Allem auch, insoferne sie eine Urteilsgrundlage schafft. Denn es sollen nicht nur widersprechende Erkenntnisse vermieden, sondern übereinstimmende erzielt werden.

Insbesondere wirken also die Anträge und Erklärungen, die thatsächlichen Behauptungen und Rechtsausführungen, die Sacheinreden und Bestreitungen des fleissigen für den ausgebliebenen, als wären sie eigene. Gleiches gilt von jeder Thätigkeit, durch welche der Verhandlungsstoff zum Urteilsstoffe wird, in erster Linie von den Beweishandlungen[1]), andrerseits aber auch von Dispositivakten wie Anerkenntnis, Geständnis, Verzicht. Letzere Handlungen äussern demnach, da sie als gemeinschaftlich vorgenommen gelten, ihre formell feststellende Wirkung für die säumigen Genossen. Dies ist vielfach bestritten.

Durch die bezeichneten Handlungen wird aber, — nicht nur mittelbar wie beim Beweis, sondern direkt — eine Urteilsgrundlage für den thätigen Konsorten geschaffen. Aus diesem Grunde müssen sie, wenn anders einheitlich entschieden werden soll, in gleicher Weise auch für den säumigen wirken. Der Urteilsstoff muss gemeinsam sein, mag er auf richterlicher Ueber-

---

[1]) Für solche ist es übrigens mit Rücksicht auf die unteilbare richterliche Ueberzeugung im Resultate gleichgültig, ob man sie mit der herrschenden Ansicht unmittelbar, oder mit Hachenburg erst durch Vermittlung des Endurteils erweitert wirken lässt.

zeugung oder unmittelbar auf dem Willen der Partei beruhen [1]).

a) Zwar haben die genannten Dispositivakte in gewissem Sinne eine prozessabschliessende Bedeutung und nähern sich insofern den oben im § 6 unter III behandelten Prozessthatbeständen. Das Gesetz spricht selbst von einer „Beseitigung des Rechtsstreits" durch sie (§§ 81, 83 C. P. O.). Aus diesem Grunde werden sie zuweilen von dem Anwendungsgebiet des § 62 C. P. O. ausgeschlossen [2]). Doch wohl mit Unrecht. Jene Prozessrechtsgeschäfte heben nicht, wie die Klagezurücknahme, das prozessuale Verhältnis der Rechtshängigkeit auf, sondern führen — positiv — eine materielle Entscheidung in der Sache herbei. Denn in Wahrheit ist es nicht das Anerkenntnis oder der Verzicht, sondern vielmehr erst die darauf beruhende Entscheidung, welche den Rechtsstreit formell beendet. Sie schliessen zwar den Streit, aber nicht den Prozess. Das Kriterium für die Anwendung des § 62 ist aber nicht nur Fortführung des Rechtsstreits, sondern in erster Linie Einwirkung auf den Inhalt des Urteils.

[1]) Hachenburg, S. 29 und Seuffert zu § 59 = 62 rev. C. P. O. meinen zwar, jene Handlungen seien nach dem Grundsatze des § 472 C. P. O. gemeinschaftlich vorzunehmen. Da im Fall des § 62 diesem Erfordernis nicht entsprochen sei, müsse der Dispositivakt des fleissigen Genossen unwirksam sein, u. z. unwirksam auch für ihn selbst. Einerseits aber will § 62 gerade die gleiche Lage schaffen, als wäre gemeinschaftlich gehandelt worden. Andererseits lässt sich damit § 472 C. P. O. wohl vereinbaren. Er annulliert gewisse Dispositionen wegen Unvereinbarkeit mit einem positiven Verhalten anderer Genossen. Der säumige Konsorte des § 62 aber handelt nicht widersprechend, sondern überhaupt nicht.

[2]) Wachenfeld, S. 137; Wilmowski-Levy, 7. A., S. 117; Fitting, 9. Auf., § 75; Struckmann-Koch, 5. A., Anm. 3 zu § 59 = 62 rev. C. P. O.

b) Man wendet ferner ein, § 62 beziehe sich nur auf die versäumbare Prozessthätigkeit[1]). Versäumen aber könne man nach § 230 C. P. O. nur „Prozesshandlungen" im eigentlichen Sinne, welche von jenen Rechtsgeschäften mehr materiellen Inhaltes durch unsere C. P. O. wohl unterschieden würden (arg. §§ 81, 83 C. P. O.).

Wollte man aber auch den behaupteten Gegensatz zugeben, so würde doch nichts dazu berechtigen, den § 62 C. P. O. auf reine Prozesshandlungen zu beschränken. Zwar ist blos von ihnen in § 230 die Rede; derselbe begrenzt aber nicht den Kreis der versäumbaren Handlungen überhaupt, sondern spricht nur von der Praeklusion als allgemeiner Folge der Versäumnis einzelner bestimmter Prozesshandlungen. Unser § 62 C. P. O. dagegen bezieht sich nicht auf einzelne Handlungen, sondern auf das Ausbleiben im Termine überhaupt. Er umfasst also nach seinem Wortlaut generell sämmtliche im Termin überhaupt mögliche Thätigkeit. Von einem ausgebliebenen Genossen lässt sich überhaupt nicht sagen, welche Handlungen er versäumt. Hier versäumt eben der ausgebliebene alle Handlungen, welche der fleissige vornimmt, also auch dessen Geständnis, Anerkenntnis u. s. w. Sodann lässt sich der Begriff der Prozesshandlung weiter fassen, als es die hier abgelehnte Ansicht thut. Danach gehören hierher sämmtliche Handlungen, welche im Rechtsstreit vorgenommen, denselben zu beeinflussen vermögen. Von jenem Gesichtspunkte aus betrachtet, sind auch jene formell feststellenden Handlungen keine rein materiellen Rechtsgeschäfte. Sie sind zwar auch als solche ausserhalb des Rechtsstreites denk-

[1]) Reincke, zu § 59, II, 3; Willenbücher, Grundr. d. Proz. u. Zwangsv., § 27; Meyer, Z. XIV., S. 368.

bar. Werden sie dagegen im Laufe desselben vorgenommen, so werden sie zu dessen integrierenden Bestandteilen, und äussern, wie jede andere Prozesshandlung, einen — sogar recht bedeutsamen — Einfluss auf Rechtsstreit und Urteil [1]. Daraus rechtfertigt sich ihre Unterordnung unter § 62 [2].

II. Die Nichtanwendung des § 62 C. P. O. auf Geständnis, Anerkenntnis, Verzicht wird vielfach auch auf Billigkeitserwägungen gestützt. Der fleissige Genosse, so führt man aus, solle doch nach dem Zweck des Gesetzes den ausgebliebenen vor Rechtsverwirkung schützen, nicht aber könne er ihn auch durch derartige Feststellungshandlungen für alle Instanzen binden und praekludieren. Der erschienene könne, nach materiellem Rechte, nicht einmal über das eigene Recht disponieren; viel weniger dürfe er im Prozess die Möglichkeit haben, sogar über das Recht seines Genossen mit zu verfügen [3].

---

[1]) Ob Verzicht, Anerkenntnis u. s. w. zu den „Prozesshandlungen" gehören, ist bestritten, Dafür die meisten Kommentare u. Wach, I, S. 536, Nr. 12; dagegen Planck, I, 223, Nr. 13; Jünger, Befugn. d. Prozessbevollm. 1890.

[2]) So auch die herrschende Ansicht: v. Amelunxen, S. 71 ff. (— mit dem wohl nicht ganz zutreffenden Hinweis auf den Prozessbevollmächtigten des § 81 C. P. O.); Kleinfeller, K. V. J. N. F., S. 226; Petersen, 3. A., I, S. 164, Bem. 24; Kroll, S. 159, der allerdings, Anm. 14, den Verzicht ausschliesst. Gaupp, 3. A. zu § 59 = 62 rev. C. P. O.; Dreyer, S. 37 ff., v. Canstein, Z. I, S. 334, 345; Hellmann, Kom. z.. § 59 = 62 C. P. O.; derselbe in Z. XVII, S. 10 ff.; Weismann, S. 130, Anm. 13 (unter Kritik de lege ferenda); Hofmann, Syst. u. dogm. Darst. d. Anerkenntnisses: 1892, S. 36 f. Ferner R. G. XIII, S. 290 ff.; XVII, S. 358 ff.; bayr. O. L. G. XIII, S. 82.

[3]) Vrgl. Fitting, § 26; Hachenburg, S. 11, der allerdings den Standpunkt selbst verlässt; Wachenfeld, S. 131.

Diese Auffassung, die man als „Schutztheorie" bezeichnen könnte, beschränkt also den Kreis der unter § 62 C. P. O. fallenden Handlungen noch stärker als die bisher erwähnten. Sie will für den Ausgebliebenen nur das ihm günstige Vorbringen des Fleissigen wirken lassen. Abgesehen davon aber, dass sich nicht überall a priori die Nützlichkeit oder Nachteiligkeit einer Handlung bestimmen lässt, und dass sich die Versäumnisfolgen nicht in abstracto als Uebel auffassen lassen [1]), bietet uns das Gesetz keinen Anhaltspunkt für den Schutzgedanken. Derselbe ist in den umfangreichen Materialien zur Entstehungsgeschichte unseres Gesetzes nirgends berührt, vielmehr betont die Begründung des Entwurfs die Beziehung des § 62 C. P. O. auch auf ungünstiges Handeln.

Die Bestimmung des § 62 C. P. O. ist denn auch nicht im Interesse des säumigen Genossen gegeben, — der aus diesem Grunde auch nicht auf die Wirkungen verzichten kann —; sondern sie soll dem materiellen Rechte dienen. Nicht der Schutz des Ausgebliebenen, sondern die Vermeidung widersprechender Urteile wird erstrebt. Dazu muss aber das gesammte Verhalten des Fleissigen für alle wirken, mag es seinem Inhalte nach günstig oder ungünstig sein.

In Wirklichkeit stellt sich denn die Anwendung des § 62 C. P. O. nicht notwendig als ein Vorteil für den Ausgebliebenen dar. In jedem Falle wird ihm der einfache und billige Rechtsbehelf des Einspruchs entzogen. Zu seinen Ungunsten wirkt zweifellos die Nachlässigkeit, die teilweise Unthätigkeit, die Vor-

---

[1]) Schon aus diesem Grunde, abgesehen von zahlreichen, wichtigeren Bedenken, lassen sich die Versäumnisfolgen nicht als Civilprozessstrafen darstellen; so v. Canstein, Z. XVI, S. 1 ff.

nahme indirekt praekludierender Handlungen (vergl. I 2) seitens des fleissigen Genossen. Es besteht keine Veranlassung, für Dispositivakte eine andere Behandlung einzuführen [1]).

Wachenfeld (S. 131) sucht den Schutzgedanken auf anderem Wege zu begründen. Nach ihm existiert die erste Kategorie des § 62 C. P. O., nämlich Notwendigkeit einheitlicher Feststellung überhaupt nicht. Der Inhalt desselben müsse demnach ausschliesslich mit Rücksicht auf die Fälle bestimmt werden, in denen beim Einzelprozess eine exceptio plurium litis consortium geltend zu machen wäre. Nach gewöhnlichen Grundsätzen würde nun der fleissige Genosse diese Einrede erheben können, der säumige dagegen nicht. Folglich müsse der letztere vor dem Verluste der Einrede geschützt werden, um deren Willen überhaupt das Institut geschaffen sei.

Zunächst aber hielt der Gesetzgeber, und zwar mit vollem Rechte, jedenfalls auch die erste Gruppe des § 62 C. P. O. für praktisch. Diese darf daher bei Bestimmung des Gesetzesgedankens nicht ausser Acht bleiben. Sodann steht die genannte Einrede nur dem Beklagten zu, dessen Schutz allein in Frage kommen müsste, während sich § 62 C. P. O. doch zweifellos auch auf den Fall der Klägermehrheit bezieht. Endlich würde in dem Falle, dass sämmtliche Genossen erschienen, eine derartige Einrede gar nicht erhoben werden können. Der Säumige hätte, falls er verhan-

[1]) Gegen den Schutzgedanken auch Hellmann, Z. XVII, S. 10; Dreyer, S. 36. Kohler (prozessrechtl. Forsch., S. 63) empfiehlt, analog dem französischen Rechte, eine Vertagung mit erneuter Ladung des säumigen Genossen; Weismann, S. 130, Anm. 13, ein Anfechtungsrecht des säumigen Genossen gegen nachteilige Handlungen des erschienenen.

delte, dies angebliche Einrederecht überhaupt nicht; er kann es also durch sein Ausbleiben auch nicht verlieren. Seine Unthätigkeit bewirkt nicht den Verlust der Einrede, sondern schafft erst für den Fleissigen die Möglichkeit ihrer Geltendmachung. Damit dürfte sich diese Art der Ableitung des Schutzgedankens widerlegen.

Auch die Folgerungen, die Wachenfeld aus dem letzteren zieht, müssen konsequenterweise abgelehnt werden. Nach ihm soll z. B. ein Genosse, der erscheint, ohne zu verhandeln, nicht als säumig im Sinne des § 62 C. P. O. gelten können, da er sich durch sein Verhalten gewissermassen den Schutz des § 62 C. P. O. verbitte.

Die Unthätigkeit kann aber, möge sie im Nichterscheinen oder im Nichtverhandeln bestehen, den verschiedensten Motiven entspringen, und gestattet niemals einen sicheren Rückschluss auf den Willen der Partei. Auch darf es ihrem Belieben nicht überlassen bleiben, ob widersprechende Urteile ergehen sollen oder nicht.

Wachenfeld's Auffassung dürfte sowohl dem § 330 C. P. O. als dem § 62 C. P. O. widersprechen: nach jenem ist nämlich der Nichtverhandelnde säumig und nach diesem gilt der säumige als vertreten.

Andrerseits genügt auch zur Abwendung der Versäumnisfolgen nicht, dass überhaupt nur ein Genosse erscheint, aber nicht verhandelt. Denn hier sind alle Genossen säumig; ein Thatbestand, auf welchen § 62 angewendet werden könnte, liegt mithin gar nicht vor [1]).

---

[1]) Wachenfeld, S. 132 vertritt auch hier die andere Meinung, durch welche übrigens an den praktischen Konsequenzen nichts geändert wird, wie er selbst zugiebt. Er bemerkt selbst an einer anderen Stelle, S. 138: „Zu einer

3. Umfang und Grenzen des § 62 C. P. O.

§ 8. a. Die unter § 62 C. P. O. fallenden Termine.

Die für die Lehre von der Streitgenossenschaft wichtigsten Fristen beziehen sich auf die Einlegung der Rechtsmittel. Es empfiehlt sich daher, die Fristversäumnis erst später, im Zusammenhange mit der Berufung zu behandeln (unten § 15) und hier zunächst nur den Fall der Terminsversäumnis ins Auge zu fassen.

Dabei ist zu fragen: welches sind die Termine, auf welche sich § 62 C. P. O. bezieht? Welches sind die einzelnen Prozesshandlungen, die, in solchen Terminen vorgenommen, erweiterte Wirkung haben? Endlich: ist die partielle Versäumnis nach den Grundsätzen des § 62 C. P. O. zu behandeln, und inwieweit? Zunächst soll auf die erste Frage eingegangen werden.

Der § 62 C. P. O. will den Erlass eines formellen Versäumnisurteils für einzelne Genossen hindern. Seine Anwendung hat demnach überall dort keinen Grund, wo ein solches schon nach gewöhnlichen Grundsätzen nicht zu befürchten ist; insbesondere dann, wenn der versäumte Termin zu einer bloss fakultativen mündlichen Verhandlung angesetzt war. Vrgl.: C. P. O. §§ 46, 49, 225—227 u. s. w. [1]). Das Gleiche gilt auch für die Beweisaufnahme vor dem ersuchten oder beauftragten Richter (§ 367).

Wahrung des Termins . . . ist Erscheinen und Verhandeln der Partei nötig".

Richtig v. Amelunxen, S. 71; Kleinfeller, K. V. J., 3 F. B. I, S. 116; Meyer, Z. XX, S. 508.

[1]) Hachenburg, S. 46.

Ebenso entfällt § 62 C. P. O. auch in Ehe- und Entmündigungssachen, weil hiergegen Ausbleibende ein Versäumnisurteil nicht ergeht. Vielmehr ist gemäss § 578 C. P. O. der säumige noch einmal zu laden; falls er wieder ausbleibt, wird dann ohne seine Anwesenheit zur Sache verhandelt. Jene Vertagung und diese erneute Ladung ausbleibender Parteien hat auch beim Vorhandensein fleissiger Genossen stattzufinden. Denn das Gesetz erstrebt in erster Linie hier die allseitige Beteiligung der Prozessparteien. In dem zweiten Termine aber besteht für die Anwendung des § 62 C. P. O. aus dem Grunde kein Bedürfnis, weil schon nach gewöhnlichen Grundsätzen ein kontradiktorisches Urteil zu ergehen hätte [1]).

Die Vertretung dauert solange als die Versäumnis. Sie hört auf, sobald der Ausgebliebene wiederum erscheint und verhandelt [2]), nicht aber hört auch ihre bisherige Wirkung auf [3]). Vielmehr bleibt die frühere Vertretung in doppeltem Sinne von Bedeutung. Einerseits behalten die vom fleissigen Genossen vorgenommenen Handlungen ihre Wirksamkeit für den anderen Konsorten solange, bis sich dieser damit in Widerspruch setzt. Andrerseits bleibt der Säumige dauernd an solche Handlungen des Erschienenen gebunden, welche einen Widerruf nicht oder nur beschränkt zulassen, z. B. an prozessuale und materielle Verzichtleistungen. Insbesondere gilt dies von einem

---

[1]) Vrgl. Birkmeyer, das Offizialverf. im C. Pr. Z. VII, S. 155 ff., 375 ff.: insbesondere, S. 196.

[2]) Dazu wird ihm Gelegenheit geboten durch Absatz 2 des § 62 C. P. O., nach welchem der säumige Genosse „auch in dem späteren Verfahren zuzuziehen ist“.

[3]) Zweifelhaft könnte dies erscheinen in einem österr. Entwurf von 1876, nach welchem der Säumige „insolange als vertreten angesehen wird, bis“ er wieder verhandelt.

durch den fleissigen Genossen abgelegten Geständnis, welches der Säumige nicht beliebig, sondern nur unter den Voraussetzungen des § 290 C. P. O. widerufen kann. Umgekehrt wird die etwaige frühere Thätigkeit eines nunmehr ausbleibenden Genossen gegenstandslos, sobald sich der jetzt erscheinende andere Genosse damit in Widerspruch setzt, z. B. eine Thatsache eingesteht, welche jener bestritten oder zum Gegenbeweis gestellt hatte. Es gilt nicht, als ständen sich Bestreitung und Geständnis gegenüber, sondern jene wird durch dieses aufgehoben.

§ 9. b. Die unter § 62 C. P. O. fallenden Einzelhandlungen.

Welche einzelnen Handlungen des im Termine thätigen Genossen unterliegen dem § 62 C. P. O., welche nicht? Prinzipiell alle; denn die Gleichheit in der materiellen und prozessrechtlichen Lage der Genossen soll nicht durch deren verschiedenes Verhalten aufgehoben werden. Für jede Einzelhandlung, welche auszunehmen ist, bedarf es daher einer besonderen Rechtfertigung.

Im Einzelnen empfiehlt es sich, zwischen der formellen und der materiellen Seite des Rechtsstreits, d. h. zwischen den prozessualen und civilrechtlichen Voraussetzungen des erstrebten Urteils zu unterscheiden. In der letzteren Beziehung ist, entsprechend der sog. Verhandlungs- oder Dispositionsmaxime, die Thätigkeit und freie Verfügung der Parteien massgebend, um deren privatrechtliches Interesse es sich ja handelt.

I. In erster Beziehung dagegen ist es nicht überall den Parteien überlassen, den Mangel prozessualer

Voraussetzungen zu rügen und ihr Vorhandensein nachzuweisen. Vielmehr wird hier die öffentlich rechtliche Natur des Civilprozesses insofern von Bedeutung, als der Staat an der Durchführung einer geordneten Rechtspflege ein erhebliches Interesse hat, und zur Garantie dafür gewisse absolute Erfordernisse aufstellt, deren Berücksichtigung dem Richter von Amtswegen obliegt [1]).

Diese Pflicht wird durch das Ausbleiben eines Genossen im Termine nicht berührt. Macht der Erschienene das Gericht auf einen derartigen absoluten Mangel, z. B. auf die Prozessunfähigkeit des gemeinsamen Gegners aufmerksam, so wirkt sein Abweisungsantrag auch für den Säumigen mit. Aber nicht unmittelbar infolge der Anwendung des § 62 C. P. O.; denn durch jenen Antrag wird die richterliche Thätigkeit nur veranlasst, nicht bedingt (vergl. unten § 14). Dies gilt insbesondere von Behauptung, Bestreitung und Nachweisung der auf die sachliche Zuständigkeit oder auf einen ausschliesslichen Gerichtsstand bezüglichen Thatsachen [2]).

Vielmehr kann § 62 C. P. O. nur dort seine besondere Funktion üben, wo das Handeln der Partei nicht nur einen unterstützenden, sondern einen bestimmenden Einfluss auf die Berücksichtigung prozessualer Thatbestände äussert, die letzteren daher nur auf Antrag zu berücksichtigen sind.

1) Aber auch hier greift unsere Bestimmung nicht ausnahmslos durch. Die prozessuale Lage der Genossen

[1]) Bülow, Arch. f. civ. Pr. 64, S. 12; Degenkolb, S. 241; Wach, Vortr., 2. A., S. 52.

[2]) Man denke an den Gerichtsstand des § 24 C. P. O. für den Servitutenprozess, an die §§ 606, 648, 665, 676, 680, 684 C. P. O. für Ehe- und Entmündigungssachen, ferner an die Zuständigkeit in den Fällen § 143 K. O, und 190a 222 d. alt. H. G. C.

ist von vornherein nicht immer die gleiche, wie sich aus der Mehrheit verbundener Prozesse von selbst ergiebt. Bezieht sich die Thätigkeit eines Konsorten auf einen Thatbestand, der nur für ihn, nicht auch für den Ausgebliebenen von Bedeutung ist, so handelt jener selbstverständlich nicht für den Säumigen.

Wenn z. B. von den Beklagten einer behauptet, er sei früher verklagt, und es seien ihm die Kosten des früheren Rechtsstreits nicht ersetzt worden, so vertritt er insofern den Säumigen nicht. Ebensowenig, wenn er für seine Person den Gerichtsstand des Wohnsitzes bestreitet, oder umgekehrt die Zuständigkeit vereinbart bezw. einen ihm allein zukommenden Zuständigkeitseinwand aufgiebt. Gleiches gilt, wenn einer von mehreren Klägern behauptet und nachweist, er habe die ihm gegenüber bestrittene Kostenerstattung geleistet; ferner, wenn ein erschienener Konsorte über die ausschliesslich zu seinen Gunsten vorgenommene Intervention eine Erklärung abgiebt.

In den angeführten Fällen ist nur der einzelne Genosse dazu berufen, die ihn speziell berührenden Einwände vorzubringen, zu begründen oder zu widerlegen. Ist er säumig, so kann in dieser Beziehung der Fleissige nicht für ihn handeln. Behauptet z. B. der gemeinsame Gegner, der säumige Kläger A habe die Kosten seiner früher zurückgenommenen Klage nicht erstattet, so ist der erschienene Kläger B zum Nachweis des bestrittenen Kostenersatzes nicht befugt. Behauptet der Kläger Thatsachen, die nur dem säumigen Beklagten gegenüber zur Begründung der Zuständigkeit geeignet sind, so kann sich darauf der Fleissige nicht wirksam erklären. Er vertritt den Säumigen nur insoweit, als er für sich selbst handeln kann.

Soweit endlich, nach den eben angegebenen Regeln, die Thätigkeit des fleissigen Genossen die des Säumigen nicht zu ersetzen vermag, bewirkt sie für diesen auch keine Praeklusion. Lässt sich ein Genosse vorbehaltslos zur Sache ein, so begründet er den sog. Gerichtsstand der stillschweigenden Vereinbarung nicht auch für den Säumigen. Rücksichtlich des Letzteren hat vielmehr das Gericht nach gewöhnlichen Grundsätzen die Zuständigkeitsfrage zu prüfen und im Verneinungsfalle die Klage abzuweisen. Aus dem gleichen Grunde kann der säumige Genosse, dem die prozesshindernde Einrede der mangelnden Kostenerstattung (§ 274, Abs. 2, Ziffer 6) zusteht, den Einwand geltend machen, falls er nachträglich erscheint[1]). Die rein negative Wirkung der Vertretung, Ausschluss des Versäumnisurteils gegen die Nichterschienenen, wird aber auch dann eintreten, wenn der Erschienene eine lediglich für seine Person wirkende prozesshindernde Einrede erhebt. So zeigt sich also, dass die besondere Streitgenossenschaft mit der Klageerhebung beginnt.

2) Auf der anderen Seite giebt es aber prozessrechtliche Beziehungen, die von vorneherein für alle Genossen die gleichen sind und auf gemeinsamen Thatbeständen beruhen. Insbesondere kann die Zuständigkeit für alle Genossen durch den gleichen Umstand bedingt sein, so der Gerichtsstand der Erbschaft für die Klage mehrerer Erben nach preussischem Rechte, der Gerichtsstand des § 17 C. P. O. für die Klage

[1]) Für besondere Prozessvoraussetzungen, d. h. solche, von denen nicht die Wirksamkeit sämmtlicher, sondern nur bestimmter Prozessthatbestände abhängig erscheint, gilt, sofern diese Thatbestände nur einen einzelnen Prozess betreffen, der gleiche Grundsatz. Soweit also ein Genosse die Ordnungswidrigkeit seiner Ladung rügt, handelt es nur für sich. Soweit dagegen sein Einwand die für sämmtliche Prozesse zu kurz bemessene Einlassungsfrist betrifft, greift der Grundsatz sub 2 ein.

gegen Mitglieder einer offenen Handelsgesellschaft, und der allgemeine Gerichtsstand des gemeinschaftlichen Beklagten bei aktiver Streitgenossenschaft.

Bezieht sich die Thätigkeit des erschienenen Konsorten auf derartige Thatbestände, so handelt er für den Ausgebliebenen mit. So z. B., wenn von zwei Klägern der Fleissige Thatsachen behauptet, durch welche die Zuständigkeit des Gerichtes für den gemeinsamen Beklagten begründet wird, wenn von zwei beklagten Erben des preussischen Rechtes der Erschienene den behaupteten Gerichtsstand der Erbschaft und die diesbezüglichen Behauptungen des Klägers bestreitet [1]).

Insoweit allerdings der fleissige Konsorte die Rüge derartiger, sämmtlichen Rechtsstreitigkeiten gemeinschaftlicher Mängel durch ausdrücklichen Verzicht oder vorbehaltlose Einlassung verliert, praekludiert er andererseits auch zugleich den säumigen Konsorten mit ihrer nachträglichen Geltendmachung. Bestand nämlich von vorneherein für alle Genossen die gleiche Rechtslage, so wird sie durch die Thätigkeit eines Genossen nicht nur für diesen, sondern für alle übrigen mitverändert [2]).

II. Was für die eben behandelten prozessualen Thatbestände Regel ist, gilt in gleicher Weise für die das materielle Recht betreffenden Urteilsgrundlagen. Nur insoweit, als auch diese für sämmtliche Genossen gemeinsam sind, wirkt die Thätigkeit des Fleissigen erweitert. Wo dagegen das gemeinsame Recht nicht

---

[1]) Hierher gehört es auch, dass der erschienene Konsorte sich auf die zu Gunsten sämmtlicher Genossen vorgenommene Intervention mit Wirksamkeit für alle erklären kann.

[2]) Insofern trifft es wohl nicht zu, wenn Hachenburg den § 62 C. P. O. auf das Verfahren über die Prozessvoraussetzungen überhaupt nicht angewendet wissen will.

in Frage steht, oder wo die Einheitlichkeit des Prozessgegenstandes durch das Handeln eines Genossen aufgehoben wird, ist für § 62 kein Raum.

1) Insbesondere ist es Sache eines jeden Genossen, seine etwa bestrittene Sachlegitimation selbst nachzuweisen. Sie ist nichts anderes als die persönliche Beziehung eines bestimmten Subjektes zu einem Rechte [1]). Ihr Mangel bei dem einen Genossen ist daher für den anderen ohne Belang. Jeder von ihnen muss vielmehr gesondert beurteilt werden [2]). Dagegen ist die Frage der Sachlegitimation des Gegners für alle Genossen eine gemeinschaftliche, und bezieht sich auf die Verhandlung über ihren Mangel der § 62 C. P. O.

2) Die Wirkungen des § 62 C. P. O. hören mit der Einheitlichkeit des Streitgegenstandes auf. Dieser wird durch die Klageerhebung bestimmt. Er kann jedoch unter bestimmten Voraussetzungen durch einen anderen ersetzt, d. h. es kann die Klage geändert werden. Erfordert ist dazu der übereinstimmende Wille beider Parteien oder doch wenigstens die vorbehaltlose Einlassung des Beklagten auf die veränderte Klage.

---

[1]) Deshalb kommt sie in der Regel nur dort in Frage, wo die persönliche Beziehung streitig sein kann, z. B. bei Erbschaft, Cession, Servitutenstreit u. s. w. Ueber den nicht selten in unklarer Bedeutung verwendeten Begriff der legitimatio ad causam vergl. vor allem Bethmann-Hollweg, Vers. S. 78 ff.; Bolgiano, Abh., S. 90 ff.; Planck, diss. d. legit. ad. caus., 1837 Gott. u. Lehrbuch I, S. 215, 218. Mit Beziehung auf die Streitgenossenschaft, Hachenburg, S. 101. And. Mein. Hellmann, Zeitschr. XVII, S. 19 f.

[2]) Ein Konsorte, der z. B. im Servitutenprozess sein bestrittenes Eigentum am herrschenden Grundstück nachzuweisen versucht, handelt ebensowenig für den Ausgebliebenen, als er andrerseits dazu berufen ist, den Letzteren zu vertreten, wenn dessen Eigentum bestritten ist.

Wirkt nun die von einem erschienenen Genossen vorgenommene Klagänderung gemäss § 62 C. P. O.? Die Frage dürfte zu verneinen sein. Der § 62 C. P. O. setzt nämlich die Einheitlichkeit des Streitgegenstandes voraus; er kann sich nicht wohl auf Handlungen beziehen, welche diese Einheitlichkeit aufzuheben geeignet sind. Durch seine Vorschrift sollen die Prozesse im gleichen Rahmen weiterbewegt und ausgestaltet werden. Für sie ist kein Raum mehr, wenn dieser Rahmen überschritten wird. Der einzelne Kläger ist an den Prozessgegenstand so wenig gebunden wie an den Prozess selbst. Er kann, ohne Rücksicht auf den Unthätigen, die Klage ebensowohl ändern als zurückziehen; und er handelt in beiden Beziehungen nur für sich allein, mag er übrigens ausserhalb oder innerhalb des Termines handeln, und mag im letzteren Falle der andere Genosse ausbleiben oder erscheinen [1]).

3) Es kann im Rahmen des Verfahrens nicht nur die ursprüngliche Klage unter den gesetzlichen Voraussetzungen abgeändert, sondern neben der ursprünglichen anch eine neue erhoben werden. Ihr Gegenstand wird gebildet entweder durch ein praejudizielles Rechtsverhältnis, d. h. durch ein solches, welches als Voraussetzung der Endentscheidung bereits einen Teil des Prozessstoffes bildete: Inzidentfeststellungsklage- oder -widerklage; oder aber durch einen beklagtischen Gegenanspruch, welcher erst durch die neue Klage der richterlichen Kognition unterstellt ist: gewöhnliche Widerklage.

---

[1]) Gleicher Ansicht Wachenfeld, S. 135; Wilmowski-Levy, Anm. 4 zu § 59 = 62 C. P. O. Anderer Meinung O. L. G. Köln in Z. VII, S. 95; Seuffert, Anm. 4 zu § 59 = 62 C. P. O. Hachenburg, S. 43.

Die Unterscheidung beider Fälle wird von Bedeutung für die Frage nach der Anwendung des § 62 C. P. O. Im ersteren Falle dürfte sie unbedingt zu bejahen sein. Rechtsverhältnisse, welche für die erstrebten gleichen Urteile in Betracht kommen, werden auf Antrag auch nur eines Genossen für alle rechtskräftig festgestellt. Im zweiten Falle dagegen ist wiederum verschieden zu entscheiden, je nachdem der erhobene Gegenanspruch allen Genossen gemeinschaftlich oder dem Widerkläger allein zusteht. Nur bei der ersten Alternative gilt die Widerklage als für alle Genossen erhoben [1]). Bei der zweiten Alternative dagegen besteht überhaupt keine besondere Streitgenossenschaft mit Bezug auf die Widerklage. § 62 C. P. O. findet daher auf sie ebensowenig Anwendung wie auf eine etwaige Einzelklage, welche einer von mehreren Klägern mit der genossenschaftlichen Klage kumuliert [2]).

4) Die Anschliessung an ein Rechtsmittel, insbesondere an die Berufung, hat einen ähnlichen Charakter wie die Widerklage. Sie begründet zwar nicht, wie diese, einen besonderen Rechtsstreit, aber sie erweitert den Rahmen der zweitinstanzlichen Verhandlung doch insofern, als sie gegenüber dem Berufungs-

---

[1]) So wenn von zwei verklagten Miterben der allein erschienene eine Widerklage erheht, durch welche eine zur Erbschaftsmasse gehörige Gegenforderung gegen den Kläger geltend gemacht wird. Die gleiche Behandlung dürfte auch bei der Einrede der Kompensation einzutreten haben.

[2]) Die Zulässigkeit einer solchen speziellen Widerklage und einer objektiven Klagenhäufung des einzelnen Genossen wird allerdings bestritten von Martin, a. a. O., S. 204 ff. Ueber die Widerklage bei der Streitgenossenschaft überh. vergl. Sartorius, d. Lehre v. d. Widerkl. S. 194 ff.; Loening, Z. IV, S. 74; Ausdrückl. auch Pr. O. f. Baden, § 270 f.

antrag eine weitere Entscheidungsmöglichkeit schafft. Andrerseits bewegt sie sich, was den Prozessgegenstand betrifft, innerhalb der durch die frühere Verhandlung und das ergangene Urteil festgelegten Grenzen. Daher wirkt sie, wenn sie von einem fleissigen Genossen im Termin erklärt wird, für den Ausgebliebenen mit, vorausgesetzt, dass er überhaupt an der zweiten Instanz teilnimmt, d. h. dass auch gegen ihn die Berufung eingelegt war.

§ 10. b. Das Verhältnis des § 62 C. P. O. zu der partiellen Versäumnis.

Man streitet darüber, ob § 62 auch den Fall partieller Versäumnis in sich begreife, d. h. den Fall, dass ein Genosse zwar nicht den Termin im Ganzen, aber doch innerhalb desselben eine bestimmte Prozesshandlung versäumt, bezw. zu den von anderen abgegebenen Erklärungen schweigt [1]). Die allgemeine Folge einer derartigen Unthätigkeit ist die Praeklusion, d. h. der endgültige Verlust der unterlassenen Prozesshandlung (§ 230 C. P. O.). Ist die letztere in mündlicher Verhandlung vorzunehmen, so ist regelmässige Endschranke der Schluss des letzten Verhandlungstermins vor der Urteilsfällung. Zuweilen entscheidet aber bereits ein früherer Zeitpunkt, so in den Fällen der §§ 43, 76, 85, 274, 295 C. P. O. Dass nun der einzelne Genosse von der Vornahme einer

[1]) Dafür Hachenburg, S. 44 f.; Trutter, Proz. Rechtsgesch.. S. 210; Kleinfeller, K. V. J. N. F., XVI, S. 227. Dagegen Wachenfeld, S. 139 f.; Wilmowski-Levy, Anm. 3 zu § 59 C. P. O. Ueber partielle Versäumnis, vergl. die Zusammenstellung bei Schmidt, Lehrb. S. 453 f.

Prozesshandlung erst dann ausgeschlossen ist, wenn alle damit praekludiert sind, erscheint selbstverständlich. Sollen die verbundenen Rechtstreitigkeiten gleichgestaltet bleiben, so muss die Möglichkeit, auf den Prozess einzuwirken, dem einzelnen Genossen solange verbleiben, als sie nicht für sämmtliche verwirkt ist. Die Praeklusion tritt für alle gleichzeitig ein [1]).

Vielfach knüpft sich an eine partielle Versäumnis neben der Praeklusion auch eine positive Feststellung, insbesondere wenn die unterlassene Handlung in einer Erklärung auf gegnerische Angriffsmittel bestand. So gilt eine nicht bestrittene Thatsache als zugestanden (§ 138 C. P. O.) und eine Privaturkunde mangels Erklärung als anerkannt (§ 439 C. P. O.); wer sich ferner auf den Editionsantrag passiv verhält, muss die Abschrift der Urkunde als echt gelten lassen (§ 427 C. P. O.), und wer den zugeschobenen Eid verweigert, stellt die gegnerische Behauptung fest (§ 452).

Auch hier ist in gleicher Weise zu entscheiden. Die formell feststellende Wirkung tritt für den einzelnen aus dem Grunde nicht ein, weil sie nicht für alle Platz greift. Was nicht für alle Entscheidungsstoff wird, darf dies auch für den einzelnen nicht sein. Jede Thatsache muss für alle feststehen, aber sie kommt für keinen in Betracht. Denn gleiche Urteile setzen eine einheitliche Grundlage voraus [2]).

[1]) Der einzelne anwesende Genosse verliert z. B. trotz seiner Einlassung zur Hauptsache die Prozessrügen des § 274 Abs. 3 nicht ohne Weiteres; er verliert sie nicht, weil und insoweit der andere anwesende Genosse sie noch in demselben Termin geltend machen kann.

[2]) Das Schweigen eines Genossen ist also für ihn selbst solange ohne Bedeutung, als nur ein Genosse bestreitet. Die Echtheit einer Urkunde wird durch die von einem Genossen versäumte Erklärung solange nicht festgestellt, als sie von einem der anwesenden Genossen noch bestritten werden kann. u. s. w., u. s. w.

Wie nach dem eben Gesagten der einzelne Genosse durch sein alleiniges Bestreiten den gegnerischen Behauptungen die Eigenschaft entziehen kann, unmittelbar Urteilsgrundlage zu werden, so kann er umgekehrt allein auch Entscheidungsstoff beibringen für alle Urteile. So ergiebt sich der wichtige Satz, dass jede zur Beschaffung von Urteilsgrundlagen geeignete Handlung eines Genossen — abgesehen von sog. Dispositivakten im engeren Sinne (darüber unten §§ 12 ff). — trotz der Unthätigkeit der anderen im Termine Anwesenden für sämmtliche Prozesse die gleichen Wirkungen äussert. Dies kann sie, weil die Verhandlung eine gemeinsame ist; dies muss sie, weil die Entscheidungen gleich sein sollen [1]).

Von diesem Satze sind die obigen Regeln über Partialversäumnis nur Einzelanwendungen. Auf die partielle Versäumnis beziehen sich demnach die Grundgedanken des § 62 C. P. O. mit. Dies kann auch nicht anders sein; denn, soll sich die besondere Streitgenossenschaft als gesundes Institut bewähren, so muss sie einheitlichen Gesichtspunkten unterliegen.

Ein Unterschied ist allerdings vorhanden. Bei der totalen Versäumnis gilt es, als hätte der Säumige gehandelt, es greift der Vertretungsgedanke durch. Bei der partiellen Versäumnis kann von einer Vertretung des Anwesenden nicht die Rede sein; auch ist für eine solche kein Bedürfnis, da alle Genossen sich an der Verhandlung beteiligen. Wenn z. B. von zwei erschienenen Genossen auf den zugeschobenen Eid der eine sich erklärt, der andere nicht, so gilt jene

[1]) Brackenhoefft: Erört. S. 283, spricht von einer „solidarischen Gemeinsamkeit in Ansehung der Wirkungen;“ Kohler Proz. als Rechtsverh., S. 102, Anm., vergleicht unser Institut mit der civilrechtlichen Korrealobligation.

Erklärung nicht als eine gemeinschaftliche, sondern der Eid ist als von einem Genossen verweigert anzusehen, und dem entsprechend zu verfahren (arg. § 472 Abs. 2 C. P. O.).

§ 11. 4. Die Konstruktion der durch § 62 C. P. O. begründeten Verhältnisse.

Der § 62 C. P. O. enthält einen Fall des Handelns für Dritte. Bei einem solchen ist in der Regel der Rechtsbegriff der Stellvertretung gegeben. Derselbe wird denn auch von unserem Gesetze verwendet und von der herrschenden Ansicht zur Konstruktion der durch § 62 C. P. O. begründeten Verhältnisse verwertet.

I. Gegen diese Auffassung hat sich Hachenburg gewendet, und dem Begriffe der Vertretung denjenigen der Reflexwirkung gegenübergestellt.

1) Jhering, der zuerst die Reflexwirkungen behandelt hat [1]), definiert sie als „Rückwirkungen, welche eine rechtliche oder ökonomische Thatsache über ihre eigentliche, durch das Gesetz oder die Absicht des Handelnden oder Berechtigten gesetzte, Wirkungsspäre hinaus, für dritte Personen äussert."

---

[1]) Die Reflexwirkungen insb. S. 248 ff. Uebrigens redet man sogar, ohne dass sich gegen den Sprachgebrauch etwas einwenden liesse, von Reflexwirkung dort, wo die Nebenwirkung nicht unbeabsichtigt war. So bezeichnet Laband (Vorles.) das subj. „Wahlrecht" im Gegensatze zu einem subjektiven Recht als blosse „Reflexwirkung" aus der Verfassung. Und Lenel spricht, Iher. Jahrb. XXXVI, S. 16 davon, die Vertretungsmacht des Bevollmächtigten sei „bloss eine Reflexwirkung der dem Dritten gegebenen Vollmachterklärung". Und doch ist jene Wahlfähigkeit vom Gesetz, diese Vertretungsmacht vom Prinzipal gewollt.

In dieser weiten Fassung ist der Begriff praktisch kaum zu verwerten. In diesem Sinne giebt es thatsächlich ebensoviele Reflexwirkungen jedes Thatbestandes als Beziehungen der Menschen untereinander. Daher scheidet Hachenburg S. 34 ff. zwei Gruppen von Fällen aus; erstens die Fälle, dass der Rechtserwerb der einen Person einen Rechtsverlust der anderen bewirkt, — z. B. der Eigentumserwerb des A den Eigentumsverlust des B; — zweitens die Fälle, dass die Rechtswirkung einer Thatsache wiederum Thatbestandmoment für eine zweite Folge ist: dass z. B. jeder Erwerb des A die Rechtssphäre seines Generalpfandgläubigers B erweitert.

Demgemäss sind nach Hachenburg Reflexwirkungen nur diejenigen Wirkungen einer juristischen Thatsache, die „unmittelbar und in der gleichen Weise für ein weiteres Rechtsverhältnis, als für das sie infolge der Rechtskonsequenz sich äussern sollten, eingetreten sind.“ Er bezeichnet sie als Inkorrektheiten, als logische Sprünge des Rechtes und erwähnt als Hauptbeispiel den Fall, dass bei Minderjährigkeit auch nur eines Miteigentümers die Servitut durch non usus für keinen verloren gehe. L. 10 pr. quemadm. serv. am. (8. 6.).

2) Aber auch die hierher gerechneten Fälle haben nicht sämmtlich, wie Hachenburg anzunehmen scheint, die gleiche rechtliche Natur. Bei der einen Gruppe von Fällen folgt die erweiterte Wirkung, wie sie sich an die Handlung einer Person knüpft, unmittelbar aus der Unteilbarkeit des mehreren Subjekten zustehenden Rechtes. Durch den usus des einen Miteigentümers A wird der Verlust der gemeinschaftlichen Servitut verhindert, und weil die Servitut erhalten bleibt, bleibt sie auch für den anderen Miteigentümer B bestehen; fr. 16 (8. 6.). Hierher gehören auch die Fälle der

l. 4 § 3 (8.5.), l. 31 § 7 eod. Von einem Abspringen der Rechtsfolge, von einer Mehrheit paralleler Wirkungen ist hier keine Rede. Es liegt eine einzige Wirkung vor, welche aber mehrere Subjekte berührt: nämlich Erhaltung der einen Servitut zu Gunsten der mehreren Eigentümer. Die Reflexwirkung, weit entfernt ein „Abspringen von der Rechtslogik“ zu sein, stellt sich im Gegenteil als Ausfluss derselben dar: die Definition Hachenburg's passt nicht auf diese Fälle.

Bei einer zweiten Gruppe dagegen folgt die Ausdehnung der Thatbestandswirkung auf dritte Personen nicht unmittelbar aus der Natur eines bereits gegebenen Rechtsverhältnisses, sondern erst aus einem — dazu besonders erforderlichen — positiven Gebot der Rechtsordnung. Wenn z. B. nach gemeinem Recht unter bestimmten Voraussetzungen die Appellation eines Genossen A dem unthätigen B zu Gute kommen soll, so ergiebt sich dies weder aus dem Begriffe der Appellation noch aus dem der Streitgenossenschaft, sondern lediglich aus der positiven Vorschrift der l. 10 § 4 D. (49.1), l. 1. 2. c. (7.68) [1]).

Hier kann aber von einer Reflexwirkung um deswillen nicht gesprochen werden, weil das für den Reflexbegriff zweifellos wesentliche Merkmal des Unabwendbaren, rechtsbegrifflich Notwendigen nicht gegeben ist. Es handelt sich hier nicht um selbstverständliche Nebenwirkungen, sondern um positive Ausnahmen. Nicht äussert ein einziger Thatbestand unmittelbar eine Mehrheit von Wirkungen, sondern für jeden Beteiligten ist der Thatbestand ein besonderer: für A ist es seine eigene Appellation, für B ist es die Appellation eines anderen. Es liegt demnach einer

[1]) Aehnliche Fälle in l. 17 § 6 (48.5), § 63 Str. G. B., § 397 Str. P. O.

der Fälle vor, in denen die „aus einer Thatsache entstandene Rechtswirkung wiederum Thatbestandsmoment für eine zweite Folge ist." Und solche Fälle sind nach Hachenburg selbst keine Fälle der Reflexwirkung [1]).

Der Reflexbegriff wäre demnach höchstens für die wenigen Fälle der ersten Gruppe gerechtfertigt. Aber auch hier lässt er sich wohl entbehren. Jedenfalls gehört § 62 C. P. O. nicht zur ersten Gruppe. Denn, dass nach § 62 C. P. O. der Genosse A zugleich mit Wirkung für den unthätigen B handelt, ergiebt sich unmittelbar weder aus dem gemeinschaftlichen materiellen Rechte, noch aus dem Prozess- oder Genossenschaftsbegriff. Ersteres nicht, weil die blosse Eigenart des festzustellenden Privatrechts nicht unmittelbar die gewöhnlichen Prozessgrundsätze modifizieren kann; letzteres nicht, weil auch im Falle des § 62 C. P. O. nicht ein Prozess der mehreren Genossen vorliegt, sodass etwa der gemeinschaftliche Rechtsstreit durch die Thätigkeit auch nur eines Genossen beeinflusst werden müsste.

Der Genosse A führt nicht den Prozess, sondern seinen Prozess. Dass er zugleich für B mitwirkt, ist nicht eine rechtsnotwendige Konsequenz der Genossenschaft, sondern ein Ausfluss positiver Ausnahmsbestimmung. Eine Reflexwirkung liegt demnach nicht vor.

II. Wenn nun auf der einen Seite § 62 C. P. O. keinen Fall der Reflexwirkung begründet, so ist doch auf der anderen Seite auch nicht unbestritten, dass er einen Fall wirklicher Vertretung schafft.

---

[1]) Die erweiterte Wirkung erklärt sich überall aus der Besonderheit des Einzelfalls. Schon aus diesem Grunde kann die Reflexwirkung kein Begriff der allgemeinen Rechtslehre sein, wie Hachenburg S. 33 will.

Vertreter ist, wer durch seinen Willen den eines anderen ersetzt, wer an Stelle eines anderen mit der Wirkung zu handeln vermag, dass die Folgen seiner Thätigkeit in der Person dieses anderen eintreten. Die Vertretungsmacht beruht in der Regel auf dem Willen des Vertretenen. Dass davon in § 62 C. P. O. keine Rede sein kann, ist offentsichtlich. Höchstens könnte eine gesetzlich vermutete Vollmacht, oder eine Vertretung kraft Gesetzes in Frage kommen. Dort ist Rechtsgrund der Vertretungsmacht der angenommene Wille des Prinzipals, hier unmittelbar der Wille des Gesetzes.

1) Gegen die erstere Auffassung [1]) spricht, dass für den Eintritt der in § 62 C. P. O. ausgesprochenen Wirkungen der Wille des ausbleibenden Konsorten durchaus gleichgültig erscheint. Seine Erklärung, er wolle vertreten sein, ist ebenso belanglos wie die umgekehrte Aeusserung. Ueberhaupt gestattet sein rein passives Verhalten keinen irgendwie sicheren Rückschluss auf seine Willensmotive. Auch verlangt unsere C. P. O. überall, wo sie einen auftraglosen Geschäftsführer zur einstweiligen Prozessführung zulässt, vor Erlass des Endurteils die nachträgliche Beibringung der fehlenden Vollmacht (§ 89 C. P. O.). Die Prae-

---

[1]) Sie wird vertreten von Wach K. V. J. XIV S. 346, (—derselbe sieht allerdings Handb. S. 302 oben in der Wendung des § 62 C. P. O. eine „definitionsähnliche Bezeichnung der Disposition."—); Endemann Komm. zu § 59=62 rev. C. P. O. sub. 2; Fitting § 75; Barazetti bad. Ann. 50, S. 382 und Rechtsm. S. 46 ff.; vielfach in der österreichischen Litteratur: vergl. v. Canstein Z. VIII S. 239; derselbe Streitg. und Nebenint. S. 9, 56; sowie Lehrb. 1. A. I S. 463; Ullmann Lehrb. S. 223; Nippel Erläut. II S. 42 ff.; Pollak Gest. S. 129; Glaser Ges. kl. Schrift. II S. 417; Heyssler in Grünh. Zeitschr. II S. 90 ff. und VII S. 683 ff.

sumption muss eine Bestätigung erfahren: Eine solche wird aber durch § 62 C. P. O. nicht verlangt.

2) Wird nun durch § 62 C. P. O. ein Fall der Vertretung kraft Gesetzes begründet?[1]) Die Beantwortung dieser Frage hängt ab von der Auffassung des Vertretungsbegriffes überhaupt. Dieser ist nach der in der Privatrechtswissenschaft wohl vorherrschenden Ansicht nur dort gegeben, wo der Vertreter mit bewusster und gewollter Beziehung auf den zu Vertretenden handelt, wo er an dessen Stelle und für dessen Person thätig werden will. Danach musste der Erfolg in der Rechtssphäre des dritten im Einzelfalle den Zweck der Vertreterhandlung bilden. Das Gesetz könnte immer nur die allgemeine Vertretungsmöglichkeit schaffen, im Einzelfalle müsste bei dem Handelnden der Vertretungswille hinzukommen[2]).

---

[1]) Dafür Petersen 3. A. S. 161 ff. nr. 21; Wilmowski-Levy 7. A. zu § 59=62 rev. C. P. O.; (praesumptio juris et de jure); Dreyer a. a. O. S. 36 (spricht auch von Fiktion); v. Amelunxen S. 72 ff.; Schultze K. R. S. 16 ff.; von Vertretung schlechtweg reden v. Kries Rechtsm. S. 36 ff.; v. Canstein Z. I, S. 334, und die meisten Kommentare.

[2]) Dieser Wille ist bei dem Nebenintervenienten gegeben. Zwar wird er in der Regel in seinem eigenen Interesse an einer der Partei günstigen Entscheidung ihres Prozesses thätig werden, aber er vertritt dabei nicht ein eigenes materielles Recht, da ein solches gar nicht in lite ist. Die einzige Befugnis, die er ausübt, ist eben seine Beistands- und Vertretungsbefugnis. Soweit ihm letztere zusteht, übt er sie aus mit denselben und nur mit denselben Wirkungen wie ein Bevollmächtigter oder sonstiger Prozessvertreter d. h. so, dass seine Handlungen wirken, „als wenn sie von der Partei selbst vorgenommen wären" (§ 85 C. P. O.). Er will und kann nach dem Gesetze nur wollen, die Partei in dieser Weise zu vertreten. Das ist in diesem Prozess die einzig mögliche Wirkung, welche er wollen und erzielen kann. Das jenseits dieses Prozesses liegende Motiv, welches

Von diesem Standpunkte aus wäre für den Fall des § 62 C. P. O. eine Vertretung kraft Gesetzes zu verneinen. Hier handelt nämlich der Fleissige — seinem Willen nach — für sich allein. Er betreibt seinen Prozess, er begründet die Entscheidung seiner Person gegenüber. Die Absicht, für den Säumigen zu handeln, ist in der Regel nicht vorhanden, und auch dort, wo sie etwa vorliegt, ohne rechtlichen Belang. Danach wäre durch § 62 C. P. O. lediglich der Richter ermächtigt, die von dem fleissigen Konsorten geschaffene Urteilsgrundlage für den säumigen mit zu verwerten. Dagegen wäre ein persönliche Beziehung zwischen den Genossen, ein Vertretungsverhältnis, nicht geschaffen.

Dem gegenüber erscheint es richtiger, den Begriff der Vertretung weiter zu fassen. Schon im Privatrecht lassen sich Vertretungshandlungen denken, bei denen

---

ihn zu solchen Handlungen bestimmt, ist für die juristische Natur derselben unerheblich.

Die frühere Theorie dagegen bezeichnete den Intervenienten durch das, einen juristischen Begriff überhaupt nicht enthaltende Wort „Gehife der Partei," und es herrschte infolge dieser unklaren Bezeichnung vielfacher Streit über seine einzelnen Befugnisse. Dem gegenüber die Stellung des Intervenienten als Beistandschaft und in gewissen Umfange als Stellvertretung juristisch bestimmt zu haben, ist das Verdienst von Schultze, die rechtl. Stellung des N—Interv. Z. II, S. 20 ff., auch separat erschienen Berlin, 1880.

Wach Handb. I, S. 614 ff., 637 ff. hat hiergegen Widerspruch erhoben, weil der Intervenient sein eigenes Interesse verfolge und nicht „im Namen" der Partei handele. Allein er kann kraft Gesetzes nur im Namen der Partei, d. h. nur mit Wirkung für diese handeln. Dass dieser Widersprnch unbegründet, und der Versuch, den Intervenienten wieder als Parteigehülfen zu charakterisieren, kein Fortschritt ist, erhellt aus dem Gesagten. Uebrigens ist er Widerspruch Wach's ohne praktische Bedeutung, nachdem die Befugnis des Intervenienten, für die unthätige Partei zu handeln, feststeht. Vgl. auch meine Abhandlung in Grünhuts Ztschr. Jhrg. 1899.

die Beziehung auf den Prinzipal gewissermassen objektiviert und deshalb so zweifellos erscheint, dass im Einzelfalle das Bewusstsein und der Wille des Handelns für eine dritte Person fehlen kann. (— Man denke z. B. an einen Handlungsgehülfen im Verkaufsladen —). Für das Prozessrecht empfiehlt sich jedenfalls eine derartige Erweiterung des Vertretungsbegriffs. Derselbe kann hier überall angenommen werden, wo die Handlung einer dritten Person für das Prozesssubjekt in gleicher Weise wirkt, als wenn sie von diesem selbst vorgenommen wäre. (Arg. § 85, C. P. O.). Dass diese Handlung von einer bewussten Beziehung auf die unthätige Partei getragen werde, ist für den Begriff der Stellvertretung kein wesentliches Erfordernis. Dies kann im Falle des § 62 C. P. O. umsoweniger bezweifelt werden, als gerade hier, bei der gleichen materiellen Lage der beteiligten Konsorten, die Thätigkeit des einen objektiv geeignet erscheint, die des anderen zu ersetzen. Der von einem Genossen beigebrachte Prozessstoff ist für den Unthätigen verwertbar, soll auch ihm gegenüber nach der Vorschrift des Gesetzes thatsächlich verwertet werden. Ein Genosse handelt — objektiv betrachtet — an Stelle des Anderen und mit Wirkung für diesen. Es besteht also kein Bedenken, in § 62 C. P. O. einen Fall wirklicher Vertretung gegeben zu finden.

Die ganze Frage hat übrigens eine rein theoretische Bedeutung. Die praktischen Wirkungen des § 62 C. P. O. bleiben die gleichen, mag man sie auf eine wirkliche Vertretung oder aber auf den Gedanken einer Vertretungsfiktion zurückführen [1]). Zu bemerken ist aber

[1]) Die Wendung „angeseheh werden als" (Wach. Handb. S. 302, führt 34 Fälle auf) findet sich auch, wo von einer Fiktion nicht gesprochen werden kann. So in den §§ 232,

dass durch die letztere Annahme das begriffliche Verständnis unserer Bestimmung nicht wesentlich gefördert wird. Vielmehr wird durch sie lediglich die Vertretung geleugnet, während das positive Rechtsgebilde, welches in Wirklichkeit durch § 62 C. P. O. geschaffen sein soll, in keiner Weise näher bestimmt ist. Eine Fiktion ist denn auch immer nur ein praktisches Aushülfsmittel für den Gesetzgeber, kein erklärender Begriff für die Wissenschaft.

Auf der anderen Seite lässt sich nicht verhehlen, dass thatsächlich durch § 62 C. P. O., trotz des in ihm begründeten Vertretungsverhältnisses, eine teilweise Ausnahme von der sog. Verhandlungsmaxime geschaffen wird. In der Letzteren sind zwei logisch zu trennende Gesichtspunkte enthalten: einerseits die Passivität des Richters, welcher nicht von Amtswegen thätig zu werden hat, andererseits — als naturgemässes Korrelat — der Grundsatz, dass jedes Prozesssubjekt nur für sich selbst über die Frage zu entscheiden hat, was in seinem Rechtsstreit zu verhandeln ist.

Der erste Gesichtspunkt ist auch bei § 62 C. P. O. nicht verlassen. Auch hier nimmt der Richter den

274[2], 332, 354 C. P. O. Insbesondere bezeichnet sie oft im Gegensatze zur Fiktion, eine Vermutung. Durch jene wird ein zweifellos nicht gegebener, durch diese ohne weitere Prüfung ein möglicherweise gegebener Thatbestand als wirklich vorhanden angenommen. Ueber die Fiktion vergl. Demelius Rechtsfiktion 1858, Jhering. Geist III, 1 S. 293 f.; Bierling, Kritik II, S. 85 ff. Für den Prozess insb. Bülow, Arch. f. civ. Pr. 62, S. 1 ff.; Leonhardt, Inwieweit giebt es nach der C. P. O. Fiktionen? 1880.

Eine Fiktion finden im § 62 C. P. O.: Warmuth, Z. I., S. 505; Planck, Lehrb. I, S. 228, A. 18; Kroll, S. 157; Freudenstein, Rechtskraft, S. 245, N. 2; Hellmann, Z. XVII, S. 10, ff.; Kleinfeller, K. V. J., N. F. B. XVI, S. 224 ff.; Seuffert, 7. A. zu § 59 Nr. 4. Insbes. Wachenfeld, S. 126, ff.

Prozessstoff lediglich von den Parteien entgegen. Der zweite Gesichtspunkt dagegen ist insofern modifiziert, als nicht mehr der einzelne Genosse den Verhandlungsstoff für seinen Prozess ausschliesslich bestimmt. Vielmehr kommt für jeden die Thätigkeit der Uebrigen mit in Frage.

III. Dass eine Vertretung vorliegt, wird insbesondere von Bedeutung für die beiden Fragen, ob Dispositivakte des Erschienenen für die säumigen Genossen formell feststellend wirken, und ob die Rechtsmitteleinlegung des einen den anderen zur Partei höherer Instanz macht. Beide Fragen sind zu bejahen. Der Fleissige vertritt aber nur insoweit, als er für sich selbst handelt, seinen säumigen Genossen. Nicht dagegen kann er etwa als Vertreter auch solche Angriffs- oder Verteidigungsmittel geltend machen, die nicht zugleich ihm selbst, sondern nur dem Säumigen zustanden (vergl. oben § 9 I 1).

Wenn endlich ein Genosse säumig ist, dagegen mehrere im Termin erscheinen und sich hier widersprechend verhalten, so werden die divergierenden Handlungen nicht, wie dies sonst bei einer Mehrheit von Vertretern der Fall zu sein pflegt, in Bezug auf den Ausgebliebenen durcheinander aufgehoben. Vielmehr hat der Richter mit Rücksicht auf die durch § 62 C. P. O. erstrebte Einheitlichkeit der Urteilsgrundlagen und entsprechend dem Grundsatze des § 472 C. P O. nach freiem Ermessen zu würdigen, welche Erklärung für die Erschienenen als Urteilsgrundlage in Betracht zu kommen habe. Diese wird dann auch der Entscheidung für den Ausgebliebenen zu Grunde gelegt [1]).

---

[1]) Die wirksame Erklärung braucht demnach nicht die günstige zu sein, wie von Hellmann, S. 15, und Wachenfeld, S. 141, angenommen wird.

Zweiter Abschnitt.

Die Wirkungen der besonderen Streitgenossenschaft bei widersprechender Thätigkeit einzelner Genossen: § 472 C. P. O.

§ 12. Der Inhalt des § 472 C. P. O. Rechtliches Wesen des zugeschobenen Eides. Der richterliche Eid.

I. Der prozessuale Inhalt des § 472 C. P. O. ergiebt sich mit ziemlicher Sicherheit aus der gesetzlichen Bestimmung selbst: Nach dieser muss die Eideszuschiebung oder -Eideszurückschiebung, um wirksam zu sein, von allen Genossen ausgehen, selbst von solchen, gegenüber denen die Zuschiebung unzulässig wäre. Sie muss an alle Konsorten erfolgen, rücksichtlich deren sie gesetzlich überhaupt zulässig ist (§§ 445, 448 C. P. O.). Der Eid muss von allen Delaten angenommen werden, widrigenfalls über die Wahrheit der Thatsache das richterliche Ermessen entscheidet. Er muss nach der Annahme auch von allen geleistet werden, widrigenfalls er dem Schwurbereiten nur dann abzunehmen ist, wenn dies der Richter zur Bildung seiner Ueberzeugung für erheblich hält. Endlich ist aus Billigkeitsgründen bestimmt, dass die freie richterliche Ueberzeugung selbst in dem Falle Platz greift, dass sämmtliche Delaten den Eid verweigern, vorausgesetzt, dass neben diesen noch andere Genossen vorhanden sind.

Im Einzelnen ist zu bemerken:

1) Hinsichtlich der Zuschiebungs-, Annahme- und Zurückschiebungserklärung greift die Vertretung der Säumigen durch die erschienenen Genossen gemäss § 62 C. P. O. Platz. Es bedarf also nicht notwendig der ausdrücklichen Erklärung aller, sondern nur der übereinstimmenden Erklärung der Erschienenen [1]).

2) Es ist streitig, ob der Eid, wenn er zwar von allen Schwurpflichtigen geleistet ist, aber nicht alle schwurpflichtig waren, formell feststellende Wirkung hat [2]).

3) Die Verweigerung hat nach § 472 C. P. O. formell feststellende Kraft nur, wenn der Eid allen Streitgenossen gültig zugeschoben war und von allen verweigert ist. Verweigerung seitens aller Schwurpflichtigen, wenn nicht allen Streitgenossen gültig zugeschoben werden konnte, hat, wie oben bereits ausgeführt, keine formell feststellende Kraft.

4) Die ausgeführten Sätze lassen sich wie folgt zusammenfassen: eine nicht gemeinsame Eideszu- oder -zurückschiebung ist ohne jede Bedeutung — was für die Frage der Beweisfälligkeit in Betracht kommen kann. Eine nicht gemeinsame Annahme, Weigerung oder Leistung dagegen wirkt möglicher-

---

[1]) Dafür Wilm.-Levy. Petersen, 3. A., not. 3. a. a O. scheint zur Zuschiebung ausdrückliche Erklärung aller zu fordern.

[2]) Dafür Wilmowski-Levy: a. a. O., n. 1, III wegen Satz 3, Abs. 1 des § 472 C. P. O. Petersen: a. a. O., n. 4, äussert sich, wie es scheint, widerspruchsvoll; im Anfang der Note bejaht er die Frage, im Verlaufe derselben erklärt er, in diesem Falle finde freie Beweiswürdigung statt. Für letzteres beruft er sich auf Prot. S. 180. Daselbst ist aber nicht von der Leistung, sondern von der Verweigerung des Eides die Rede.

weise kraft ihres etwaigen Beweiswertes. Hier wird die Eideserklärung zu einem wirklichen Beweismittel.

II. Der § 472 C. P. O. spricht nur vom Eide, allein es ist die Frage aufzuwerfen, ob sich aus demselben nicht auch Schlussfolgerungen ziehen lassen auf Parteidispositionen, welche geeignet sind, unmittelbar ganz oder zum Teil die Urteilsgrundlagen festzustellen, insbesondere auf Verzicht, Anspruchsanerkenntnis und Thatsachengeständnis. Diese sind im Gegensatz zu den die Ueberzeugung des Gerichtes begründenden Beweisen Mittel formeller Feststellung. Die Frage, ob auf sie das Prinzip des § 472 C. P. O. anzuwenden sei, hängt davon ab, ob der Eid zu den Beweismitteln zu rechnen ist.

In ihm sieht die herrschende Ansicht ein Beweismittel, das aber im Gegensatze zu den anderen formellen Charakter habe [1]). Der Gesetzgeber habe sich zweifellos von dieser Auffassung leiten lassen, wie sich

---

[1]) Planck, Lehrbuch II, S. 290 ff.; Wach., Vortr. 2. A., S. 220 2.: „Die Eidesdelation ist Beweisantretung durch die Partei. Sie ist Dispositivakt.;“ derselbe sehr entschieden in Z. IX, S. 449, beide Schriftsteller mit bes. Berufung auf § 472 C. P. O.; Hellmann, Lehrb. S. 568 ff.; Wetzell, S. 250 u. 274 f., der jedoch die Unwirksamkeit des Eides in Ehesachen auf die hier mangelnde Dispositionsbefugniss der Parteien zurückführt; Endemann, Beweislehre 1860, S. 478; Heidenfeld, Dispositionsbef. d. Parteien 1868, S. 122; Seuffert, 7. A., zu § 434=472, rev. C. P. O.; Petersen, a. a. O.: Struckmann-Koch, 5. A., S. 468; Wilmowski-Levy, 7. A., Vorbem. zu Titel 10; dagegen wird zu § 434=472 rev. C. P. O. bemerkt, gemeinschaftliche Erklärung über den Eid sei notwendig, weil dieser ein Dispositionsakt sei; Heusler, Arch. f. civ. Pr., B. 62, S. 299 ff.; Motive zur C. P. O., S. 274 f.; Endemann, Kom. II, S. 310; Birkmeyer, in Holtzendorffs Rechtslexikon III, S. 545 ff. Wachenfeld, S. 157 ff.

aus der Stellung des Eides in der C. P. O., ferner aus der Ausdrucksweise der §§ 446, 447, 451, 453, 454, 461, 464 C. P. O. u. s. w. ergebe. Das materielle Beweissystem sei zwar bei Weitem vorherrschend, aber keineswegs das einzig Denkbare und insbesondere auch nicht im Gesetze ausnahmslos durchgeführt (§ 286² C. P. O). Geschichtlich habe sich der Parteieid im Rahmen der formellen Beweistheorie entwickelt, und sei aus dieser heraus zu erklären. Auch sachlich erscheine diese Auffassung der Eidesdelation gerechtfertigt. „Dieses höchste und heiligste Versicherungsmittel dürfe nicht einer frivolen Wette gleich zur Abmachung des Streites benutzt werden“ (Wach. a. a. O.), müsse vielmehr, dem Hauptkerne nach, wie jedes Beweismittel, zur Erforschung materieller Wahrheit dienen.

Dem entspreche es auch, dass nur die Wahrheit von Thatsachen, nicht auch, wie im römischen Recht, die Existenz von Rechten beschworen werde; über Thatsachen aber sei eine Verfügung nicht möglich. Jedenfalls würde eine solche den bewussten Dispositionswillen der zuschiebenden Partei voraussetzen. Diese wolle aber in der Regel nicht so sehr auf eigene Prozessrechte verzichten als vielmehr den Gegner zum Geständnis bringen. Dass der Beweis missglücken und zum umgekehrten Ergebnis führen könne, sei nicht nur bei der Eidesdelation möglich. Jede Beweisantretung stelle vielmehr ebensowohl bedingt fest, unter der Bedingung nämlich, dass sie erfolgreich sei (Wachenfeld a. a. O.).

Begrifflich sei der Parteieid schon deshalb Beweismittel, „weil er eine streitige Thatsache ausser Streit setze“ (Planck a. a. O.). Dass der Deferent, im Falle des gegnerischen Schwurs, eine bestimmte Thatsache nicht mehr behaupten dürfe, sei Folge nicht des bedingten Verzichts, sondern des erbrachten Beweises, wie denn auch andererseits die Zuschiebung über bereits festgestellte Thatsachen ausgeschlossen sei (§ 446 C. P. O.). Gerade § 472 C. P. O. bestätige jene Auffassung, indem er für bestimmte Fälle dem — seiner formellen Beweiskraft entäusserten — Eide wenigstens den materiellen Beweiswert belasse: ein Dispositionsakt könne aber zum Beweise nicht dienen.

2) Gegen diese Ansicht haben in letzter Zeit gewichtige Stimmen Einspruch erhoben [1]). Man hat dem Parteieid die Eigenschaft als Beweismittel abgesprochen und in ihm einen Dispositivakt oder doch ein Mittel formeller Feststellung gefunden. In der That scheinen für diese letztere Auffassung überwiegende Gründe zu sprechen, die kurz angedeutet werden sollen.

Zunächst ist die Bedeutung der Eidesgeschichte nicht zu überschätzen. Allerdings war im alten deutschen Recht der Eid der Partei das wichtigste Beweismittel. Wer beweisen wollte, schob den Eid nicht zu, sondern suchte ihn selbst zu leisten. Damals hiess aber „beweisen“ nichts anderes als gewisse gesetzlich

---

[1]) Schultze Grünh. Z. XXII S. 127 Z. Anm. 119, Z. XII S. 475 und XXII S. 120; v. Canstein Z. II 312, VIII 251 (bedingtes Geständnis), ration. Grundl. S. 118 II 1 c. (bedingter Verzicht); Wendt Arch. f. civ. Pr. 63 S. 270 ff. trotz des Titels: Beweis durch Eid; Heinze Goldammers Arch. XXIV S. 281; Trutter Proz. Rechtsg. S. 364 ff., bon. fid. S. 223 ff.; Birkmeyer Z. VII spricht zwar S. 126 von Beweismittel, dagegen S. 399 von einer indirekten Verfügung über die res in judicium deducta; Hachenburg S. 60 f.; Klein Schuldh. Parteihandl. S. 107, Anm. 127. Auch Rich. Schmidt, Lehrb. § 84. (Rechtsgeschäft); Pollak Geständ. § 6 passim. Wach K. V. J. XIV S. 349: „In der Eidesweigerung liegt ein Verzicht oder eine Anerkennung.“. Früher schon Martin a. a. O. S. 234.

vorgeschriebene Formen erfüllen, auf deren sachlichen Inhalt es im Einzelnen nicht ankam. Der Beweisbegriff ist aber nicht für alle Zeiten der gleiche; er kann sich insbesondere verschieden gestalten, je nachdem das Gesetz von vorneherein den Beweiswert bestimmter Handlungen und Vorgänge allgemein und abstrakt festsetzt, oder diese Wertung im konkreten Falle dem freien Ermessen des Richters überlässt. Die Frage nach der Beweismittelqualität aber muss für jedes Prozessrecht aus seinem Beweissystem heraus beantwortet werden [1]).

Heute herrscht nun zweifellos die materielle Beweistheorie: Nunmehr heisst „beweisen“ Ueberzeugungsgründe für den Richter schaffen. Dieser ist nicht mehr müssiger Zuschauer des Beweisaktes, konstatiert nicht nur die Formerfüllung, sondern wägt den innern Wahrheitswert der Beweise ab. Zum Beweise gehört demnach seine Mitwirkung als Begriffsmerkmal hinzu. Beweis liegt also überall dort nicht vor, wo eine Thatsache ohne jene abwägende Beteiligung des Richters festgestellt, dieser vielmehr lediglich deklarativ thätig wird. Für die Eigenschaft als Beweismittel entscheidet nicht so sehr, dass eine bestimmte Thatsache ausser Streit gesetzt wird (Planck), als vielmehr die Art, wie dieses geschieht; ob unter der Bedingung richterlicher Ueberzeugung oder unbedingt kraft Parteiverhaltens.

Die feststellende Kraft des Parteieides beruht nun zweifellos nicht auf dem Ermessen des Richters. Mag dieser noch so sehr von dem Gegenteil überzeugt sein, die beschworene Thatsache wird unmittelbar und unbedingt festgestellt, und kann auch nicht durch

---

[1]) Vergl. Schultze a. a. O. In dessen Vorlesungen wird der Eid auch nicht unter den Beweismitteln behandelt.

Gegenbeweis entkräftet werden. Die Eideszuschiebung ist nicht Beweisantretung, sondern prozessuales Rechtsgeschäft. Denn ausser Beweis und formeller Feststellung ist (abgesehen von der Notorietät) eine dritte Möglichkeit nicht gegeben, Verhandlungsstoff zum Urteilsstoff zu machen.

Die Frage, welchem gesetzgeberischen Motiv die Ausstattung des Parteieides mit formell feststellender Kraft entspringt, gehört in das Gebiet der Prozesspolitik. Dass es sich dabei um einen Ausfluss aus dem Grundsatze der Parteidisposition handelt, erhellt daraus, dass die Eideszuschiebung der Regel nach nur an dispositionsbefugte Prozesssubjekte (§ 473 C. P. O.), bezeichnenderweise auch an den qualifizierten Nebenintervenienten (§ 449 C. P. O.), niemals aber, ausser mit Uebereinstimmung der Partei (S. 450, C. P. O.) an eine dritte Person erfolgen kann, mag deren Schwur noch so grossen materiellen Beweiswert haben; endlich, dass sie überall dort ausgeschlossen ist, wo ein der Parteidisposition entzogener Gegenstand in Frage steht: §§ 617², 670 C. P. O.

De lege lata genügt für unseren Zweck die Einsicht, dass wir es beim Parteieide nicht mit einem Beweismittel, sondern mit einem Mittel formeller Feststellung zu thun haben. Für das Gegenteil kann insbesondere aus § 472 C. P. O. kein Grund entnommen werden. Das Motiv einer formell feststellenden Handlung gestattet nicht selten einen Rückschluss auf die Wahrheit oder Unwahrheit einer davon betroffenen Thatsache. Wenn der Geständige eine Thatsache ausser Streit setzt, so kann er dazu durch sein Wissen um ihre Richtigkeit veranlasst sein; und ein solches Motiv würde dann für die richterliche Ueberzeugung nicht gleichgültig sein. Aber eben diese etwaige richterliche

Ueberzeugung kommt bei den Mitteln formeller Feststellung prozessualisch zunächst gar nicht in Frage. Ebensowenig aber, wie durch diese etwa gegebene Beweiskraft das Geständnis — seiner allgemeinen begrifflichen Natur nach — zu einem Beweismittel wird, ebensowenig ist dies mit dem Parteieide der Fall.

Aus § 472 C. P. O. lassen sich also nach dem Gesagten folgende Sätze ableiten. Erstens: formell feststellende Handlungen können nur von allen Genossen gemeinsam ausgehen; zweitens: sie können nur allen Konsorten gegenüber vorgenommen werden; § 472 C. P. O. enthält demnach nicht nur für die Genossen, sondern auch für ihren Gegner Verhaltungsmassregeln und Beschränkungen [1]). Drittens: nicht gemeinschaftliche Akte der angegebenen Art können zwar nicht formell und unmittelbar Urteilsgrundlagen schaffen, vermögen aber indirekt als Ueberzeugungsgründe für den Richter den Inhalt des Urteils zu beeinflussen [2]).

III. Die Regel des § 472 C. P. O. findet auch Anwendung auf den Urkundeneditionseid nach der ausdrücklichen Vorschrift des § 426 Abs. 3 C. P. O. Anders verhält es sich mit dem richterlichen Eide. Derselbe kann, wie der auf alle Arten der Streitgenossenschaft bezügliche § 476 C. P. O. bestimmt, sämmtlichen

---

[1]) Deshalb kann z. B. der Gegner auch nicht mit Wirksamkeit den ihm von allen Genossen deferierten Eid einem Teile gegenüber verweigern, dem anderen gegenüber annehmen oder zurückschieben. Auch kann er, analog dem § 62 C. P. O., nicht wirksam erklären, er wolle mit einem Genossen verhandeln, dem anderen gegenüber als säumig behandelt werden. Sein Wille darf, ebensowenig wie der des einzelnen Genossen, den Erlass widersprechender Urteile ermöglichen.

[2]) Wach. K. V. J. XIV, S. 349 bekämpft, wie den § 472 C. P. O. überhaupt, so insbesondere den Abs. 2, als der Vergleichsnatur des Eides widersprechend.

Konsorten, er kann einem oder einigen derselben auferlegt werden. Diese Regelung erklärt sich aus dem Begriffe des Noteides. (Vergl. Begr. zu § 420 Entw. = 472 rev. C. P. O., S. 287). Die feststellende Kraft des letzteren beruht auf dem Umstande, dass von dessen Leistung der Richter seine noch nicht völlig begründete Ueberzeugung abhängig macht. Zur Vervollständigung derselben kann nun im Falle der Streitgenossenschaft schon der Schwur eines Konsorten genügen [1]). Ist aber die Ueberzeugung des Gerichtes an den richterlichen Eid mehrerer Genossen geknüpft, so versagt diese Bedingung, wenn auch nur einer der Schwurpflichtigen den Eid verweigert. Schon in diesem Falle ist also das Gegenteil der zu beschwörenden Thatsache festgestellt [2]).

§ 13. 2. Der Grundgedanke des § 472 C. P. O. und seine Hauptanwendungen.

I. Während nach der hier verteidigten Ansicht der Grundsatz des § 472 C. P. O. auch auf andere Parteihandlungen als auf den Parteieid auszudehnen

---

[1]) Wach. K. V. J. XIV, S. 350 f. tadelt die Bestimmung, die der Verhandlungsmaxime zuwiderlaufe.

[2]) Ein Argument, für die hier vertretene Ansicht ist § 477 C. P. O., welcher den § 472 C. P. O. nicht erwähnt. Desgl. Kroll, § 36, Gaupp, Wilmowski-Levy, Seuffert, Petersen zu § 438=476 rev. C. P. O.; R. G. XII, S. 14, XXXII, S. 426; S. A. 47, Nr. 241. Anders Planck, Lehrb. II, S. 331. Wachenfeld, S. 187, Anm., will im Gegensatre zu v. Amelunxen, S. 76, zwischen den §§ 472 u. 476 C. P. O. keinen Unterschied machen. Hier wie dort solle die — wenn auch formelle — Ueberzeugung des Richters begründet werden; diese sei es, die auch nach § 472 C. P. O. erweitert wirke. Indessen besteht ein begrifflicher Gegensatz zwischen Partei-

ist, hat sich Wachenfeld gegen eine derartige Auslegung erklärt. Der § 472 C. P. O., so führt er aus, handele von einem Beweismittel und erlaube keinen Schluss auf sog. Dispositivakte: S. 146. Die Gültigkeit der Handlungen in einem Prozess könne nicht durch ihre gleichzeitige Vornahme in dem anderen bedingt sein: S. 73. Jeder Genosse müsse vielmehr, wie ausserhalb des Rechtsstreits, so auch innerhalb desselben über seinen Anspruch und dessen Grundlagen frei verfügen können: S. 145. Er könne, wie durch gewollte Unthätigkeit, im Falle des § 62 C. P. O., so auch durch positives Thun einen Widerspruch der Entscheidungen begründen: S. 140. Die — äusserst seltene — civilrechtliche Notwendigkeit einheitlicher Disposition sei für den Prozess nicht massgebend. Denn hier stehe nicht die objektive Existenz des gemeinsamen Rechtes in Frage, sondern handele es sich lediglich um die voneinander unabhängigen persönlichen Beziehungen der einzelnen Subjekte zu diesem Rechte: S. 73.

Indessen wurde schon oben der Nachweis versucht, dass der zugeschobene Eid ein Beweismittel nicht ist. Jedenfalls erklärt sich die Bestimmung des § 472 C. P. O. lediglich aus seiner formell feststellenden Kraft. Diese Wirkung kommt aber in gleicher Weise den sogenannten Dispositivakten zu, auf welche daher der Grundsatz des § 472 unbedenklich übertragen werden kann.

Gegen die Abhängigkeit der Genossen voneinander spricht auch nicht die Mehrheit der Rechtsstreitig-

---

eid und richterlichem Eid. Jener stellt fest kraft Willens der zuschiebenden Partei, dieser kraft Ueberzeugung des Gerichtes. Dort ist nach dem Gesetze Uebereinstimmung im Willen der mehreren Genossen erforderlich. Hier dagegen sorgt auch beim Eide eines einzigen Genossen schon das unteilbare richterliche Ermessen für gleiche Entscheidungen.

keiten. Die Dispositionsmaxime beherrscht zwar als Regel, aber nicht ausnahmslos den Prozess. Sie kann insbesondere mit Rücksicht auf das materielle Recht ausgeschlossen sein. Wie überhaupt der Prozess im Verhältnis zum Privatrecht eine sekundäre Stellung einnimmt, und wie die Prozessmaxime der Disposition sich aus der privatrechtlichen Verfügungsfreiheit erklärt, so kann sie auch nicht weiter als diese reichen. In den meisten Fällen der bes. Streitgenossenschaft aber sind schon nach den Grundsätzen des materiellen Rechtes die Mehreren nur zusammen verfügungsberechtigt. Der § 472 C. P. O. zieht daraus die Konsequenz für den Prozess.

Dass das Civilrecht einheitliche Urteilsfeststellung niemals erheische, kann nicht zugegeben werden. Festzustellen ist nicht lediglich die Beziehung zum gemeinsamen Rechte. Das Letztere lässt sich überhaupt von seinem Träger nicht in dieser abstrakten Weise loslösen. Vielmehr ist in zahlreichen Fällen die einheitliche Feststellung vom praktischen und logischen Standpunkte aus eine absolute Notwendigkeit. Sie darf daher von der Parteiwillkür nicht abhängig sein. Sie kann aber ohne Beschränkung derselben nicht erreicht werden. Im Interesse des gemeinsamen Zwecks muss demnach der Wille des Einzelnen seiner unmittelbar prozessgestaltenden Kraft entkleidet werden.

Solche Beschränkungen ergeben sich denn vielfach, schon abgesehen von § 472 C. P. O., aus der bes. Streitgenossenschaft. So kann z. B. ein Konsorte durch gewollte Unthätigkeit ein Versäumnisurteil für sich nicht herbeiführen.: § 472 C. P. O. Er kann von seiner Mitpartei wirksam geladen werden: § 63 C. P. O. Er kann, falls nur ein Prozess unterbrochen wird, den Seinigen nicht ohne Weiteres fortführen. Er muss es sich endlich gefallen lassen, dass die Thätigkeit seiner Genossen der Entscheidung über sein Recht mit zu Grunde gelegt wird. Es erscheint daher nur konsequent, dass auch seine positiven Handlungen erst dann die ihnen sonst beiwohnende formell feststellende Kraft haben, wenn kein Widerspruch beim anderen Genossen vorliegt. Dass auch hier die Vertretung des § 62 C. P. O. Platz greift, wurde bereits oben § 7 ausgeführt.

II. Die Anwendungen des in § 472 C. P. O. niedergelegten Grundsatzes sind ebenso zahlreich wie die sei es über eine bestimmte Beziehung des Prozessverfahrens disponierenden, sei es einen Teil des materiellen Thatbestandes formell feststellenden Parteihandlungen im Prozess. Von diesen seien im Folgenden nur die wichtigsten aufgezählt.

Dahin gehören zunächst Abmachungen über den äusseren Fortgang des Verfahrens, z. B. über die Verlängerung von Fristen oder Verlegung von Terminen: § 202 ff. C. P. O. Wichtiger sind Verfügungen über Angriffs- und Verteidigungsmittel, sei es prozessualer, sei es materieller Natur. Zu den ersteren gehören insbesondere Verzichte auf die Rüge mangelnder Voraussetzungen für die Gültigkeit des Rechtsstreites im Ganzen oder für die Wirksamkeit einzelner Handlungen innerhalb desselben: §§ 274, Abs. 3, 297 C. P. O. Die zweite Gruppe wird im Wesentlichen gebildet durch Aufgeben des geltend gemachten Rechtes, oder der Verteidigung gegen dasselbe, sei es im Ganzen, wie beim Verzicht oder Anerkenntnis gemäss §§ 306, 307 C. P. O.[1]),

[1]) Ueber die Natur dieser Handlungen vergl. Schultze Z. II, S. 91. Gaupp, 3. A. I, S. 160, Petersen, 3. A. B. I, S. 157, Wilmowski-Levy, 7. A. zu § 58=61 rev. C. P. O., wollen über die Wirksamkeit eines Einzelverzichtes oder -anerkenntnisses lediglich das Civilrecht entscheiden lassen.

sei es mit Rücksicht auf gewisse Klaggründe oder Einreden, insbesondere auf die Behauptung oder Bestreitung gewisser Thatsachen. Von besonderer Bedeutung ist in dieser Hinsicht das gerichtliche Geständnis des § 288 C. P. O.[1])

Nach diesem wirke, wie insbes. Gaupp ausführt, in bestimmten Fällen die Disposition eines Genossen für alle, in anderen nur dann, wenn aktive, nicht auch wenn passive Streitgenossenschaft vorliege, bei einer dritten Gruppe überhaupt nicht. Indessen entsteht erst durch den Prozess die Gefahr widersprechender Urteile in einem Verfahren. Schon mit Rücksicht darauf könnten sich Beschränkungen rechtfertigen, die ausserhalb des Prozesses nicht gegeben wären. Es handelt sich um den prozessualen Einfluss bestimmter Handlungen auf Rechtsstreit uud Urteil. Das Civilrecht kann nicht massgebend sein. Aus dem Prozessrecht aber lässt sich vermöge entsprechender Erweiterung des § 472 C. P. O. der Grundsatz der Dispositionsbeschränkung ableiten, u. z. ohne Unterschied für alle Fälle der Streitgenossenschaft. Dagegen hält auch Kleinfeller K. V. J., 3. F. I, S. 112, 115, es für möglich, dass ein Genosse durch Anerkenntnis- oder Verzichtsurteil aus der Streitgenossenschaft ausscheide.

[1]) Ueber das gerichtliche Geständnis vergl. ausser den Kommentaren zu § 261=288 rev. C. P. O.; v. Canstein Z, I, S. 257 ff.: Beweissurrogat; Demelius confessio: einseitige Disposition dem Gerichte gegenüber; Wach. Arch. f. civ. Pr. 64, S. 201: Disposition gegenüber Gericht und Partei; Planck, Lehrb. § 62: Erklärung an das Gericht, von dem Bestreitungsrechte keinen Gebrauch zu machen; Hellmann, S. 267 ff.: Disposition; Schmidt, Lehrb. S. 448: Rechtsgeschäft; desgl. Trutter, Proz. Rechtsg., S. 367, bona fides, S. 203 ff. Dass das Geständnis Willensakt, Disposition sei, wird in letzter Zeit vielfach bestritten; früher schon Heidenfeld, Dispositionsbef. 1868, S. 68 ff.; neuerdings Möhring, Natur u. Kraft d. ger. Geständn., S. 41, Wittmaak und Bülow im Arch. f. civ. Pr. 1898, H. II, u. III; insb. Pollak, Ger. Gest., S. 104 ff. Die Auffassung des Letzteren dürfte wohl dem Beweisbegriffe widersprechen; sie beruht auf der unrichtigen Annahme, als sei die Wahrheit unbedingt Pro-

Ferner kann, wie über die Verwertung von Thatsachen, so schon über einzelne zu ihrer Ermittelung dienende Beweismittel verfügt werden, so z. B. über die Vernehmung von Zeugen: § 399 C. P. O; über den Gebrauch von Urkunden: § 436 C. P. O. [1]), und sogar über bestimmte Mittel zur Beweisstärkung, so z. B. über die Vereidigung von Zeugen und Sachverständigen: §§ 391², 410 C. P. O [2]).

Alle derartigen Handlungen eines einzelnen Genossen werden durch ausdrücklichen Widerspruch oder auch nur durch abweichendes Verhalten des anderen unwirk-

---

zesszweck und Parteipflicht (S. 115); sie ist unvereinbar mit § 290 C. P. O., der zum Widerruf nicht nur den Unwahrheits-, sondern auch den Irrtumsbeweis verlangt.

Ueber das Geständnis eines Genossen vergl. bereits preuss. A. G. O. tit. X, § 86, Prozessrevis. 1830 u. Kamptzens Entw. 1848, § 76; Nordd. Prot. S. 708, 1023, 1040, Begr. zu § 59 d. Entw.: S. 83.

Der einzelne Genosse kann auf Grund des § 290 C. P. O. sein Geständnis widerrufen. Damit hört die formale Wirkung sämmtlicher Geständnisse auf. Anders beim Eideserlass. Dieser hebt nicht eine Dispositon, sondern höchstens die Bedingung einer solchen auf, nämlich die Eidesleistung. Er stellt daher unmittelbar und formell fest, und ist, von einem Genossen ausgehend, unwirksam.

[1]) Die auch nur von einem Genossen vorgeschlagenen Beweismittel werden für alle gemeinschaftlich analog § 399 C. P. O. Deshalb kann ein Genosse nicht einmal auf die von ihm benannten Zeugen wirksam verzichten. Daher kann auch ein Genosse nicht im Prozesse des andern Zeuge sein. Beweismittel und Beweisführer dürfen im Civilprozess nicht zusammenfallen.

[2]) Ueberall, wo Prozessformalitäten vom Parteiwillen abhängig sind, muss Willensübereinstimmung der Genossen vorliegen. Ist z. B. ein einziger Genosse über Norm und Erheblichkeit des allen zugeschobenen Eides nicht einverstanden, so ist bedingtes Endurteil nötig: § 461 C. P. O.

sam. Soweit allerdings derartige Handlungen die richterliche freie Würdigung der Thatsachenwahrheit zu beeinflussen vermögen, behalten sie, bei Vornahme durch den einzelnen Genossen, trotz ihrer Unwirksamkeit als Feststellungsakte dennoch ihren etwaigen Beweiswert für das Gericht [1]).

III. Die formell feststellende Handlung des einen Genossen darf einen Widerspruch mit den Prozesssituationen der übrigen Genossen nicht begründen. Sie thut dies insbesondere dann nicht, wenn in allen Rechtsstreitigkeiten die gleiche Handlung vorliegt. Eine solche gemeinsame Vornahme ist indessen nicht unbedingt notwendig. Die von einem einzelnen Genossen ausgehende Handlung wirkt auch dann formell feststellend, wenn eine gleiche Prozesslage durch eine verschiedene Handlung oder durch partielle Unthätigkeit des anderen Genossen begründet wird.

Wenn z. B. von drei Delaten einer den Eid verweigert, der zweite sich nicht erklärt, der dritte gesteht, so ist sowohl jene Eidesweigerung als auch dieses Geständnis vollkommen wirksam; es bleibt kein Raum für das freie Ermessen des Richters. Wenn ferner ein Genosse gesteht, so kann er auf die zugestandene Thatsache solange nicht zurückkommen, als der andere Konsorte sich nicht darauf erklärt: [2]). Erfolgt überhaupt kein Widerspruch, so äussert das Geständnis, obgleich nicht gemeinsam vorgenommen, dennoch seine formell

---

[1]) Anders beim Verzicht auf Prozessrügen, Beweismittel, Vereidigung u. s. w., weil hier keine Thatsachen unmittelbar festgestellt würden.

[2]) Ein Genosse, der zum Geständnis des anderen schweigt, ist dadurch mit der späteren Bestreitung keineswegs praekludiert.

feststellende Wirkung [1]). Wenn endlich ein Genosse den Anspruch anerkennt, der andere dagegen nur die begründenden Thatsachen zugesteht, bezw. nicht bestreitet, so sind die letzteren festgestellt, weil mit Rücksicht auf sie ein Gegensatz der beteiligten Subjekte nicht vorliegt. Die Frage dagegen, ob sie den Anspruch begründen, bleibt richterlicher Prüfung unterworfen.

Ueberall reicht also die Unwirksamkeit der Einzelhandlung nicht weiter als der Konflikt mit dem Verhalten anderer Genossen. Ist ein derartiger Widerspruch nicht vorhanden, ist insbesondere der andere Genosse totalsäumig (§ 62 C. P. O.), so kann dessen Unthätigkeit die vom Fleissigen getroffene Verfügung nicht entkräften [2]). Es dürfte daher missverständlich sein, wenn Hachenburg, S. 67, jede Verfügung für unwirksam erklärt, die, wenn auch nicht gegen, doch ohne Zustimmung der Genossen erfolgt. Denn es liegt keine Veranlassung vor, von den gewöhnlichen Prozessgrundsätzen abzuweichen, solange sie die Einheitlichkeit der Entscheidung nicht gefährden.

---

[1]) Ueber diesen Fall vergl. insbes. Kleinfeller K. V. J., N. F. XVI, S. 228.

[2]) So auch Kleinfeller, K. V. J. a. a. O., S. 201. Daher kann der fleissige Genosse den Eid mit Wirkung für den Säumigen zu- und zurückschieben, verweigern und annehmen. Dagegen vermag er nicht auch an Stelle des Ausgebliebenen den — höchst persönlichen — Eidschwur zu leisten. Vielmehr entscheidet hier über die Wahrheit der Thatsache das richterliche Ermessen gemäss § 472 C. P. O. Wird vom Gegner der Eid nur an den Säumigen zugeschoben, so kann der Fleissige sich nicht darauf erklären. Derselbe vertritt den Ausgebliebenen nur, insoweit er für sich selbst handelt. Letzteres kann er aber in dem angegebenen Falle nicht. Anders Hellmann, a. a. O., S. 15 f.

IV. Weiterhin ergiebt sich die Frage, wieweit die Unwirksamkeit eines formell feststellenden Aktes reicht, welcher den angegebenen Erfordernissen nicht entspricht. Nach Weismann, S. 129, 136, welcher in dieser Beziehung für die bes. Streitgenossenschaft die gleiche Behandlung wie für die Hauptintervention verlangt, soll ein derartiger Formalakt, abgesehen von dem ihm selbstverständlich verbleibenden Beweiswert, nicht schlechthin unwirksam sein; vielmehr sei z. B. das Anerkenntnis oder Geständnis eines Genossen für diesen selbst bindend. Er könne darauf nicht mehr zurückkommen. Da aber der gemeinsame Gegner nicht eher durchdringen könne, als bis alle Genossen überwunden seien, so bleibe noch der andere Genosse zu besiegen. Die Handlung des einen sei demnach wenigstens insoferne von Bedeutung, als sie doch einen Gegner dauernd aus dem Felde räume.

Dagegen sprechen folgende Erwägungen. Ein gültiger Akt der angegebenen Art äussert der Regel nach eine doppelte Wirkung. Einerseits schliesst er, soweit er einen Verzicht enthält, für den Handelnden den nachträglichen Gebrauch des aufgegebenen Angriffs- oder Verteidigungsmittels aus: praekludierende Wirkung. Andererseits macht er die von ihm betroffenen Thatsachen, Rechte oder Rechtsverhältnisse zur unmittelbaren Grundlage des Urteils: formell feststellende Wirkung. Beide Folgen sind aber Kehrseiten einer und derselben Erscheinung. Die zugestandene Thatsache, das anerkannte Recht sind festgestellt, weil nicht mehr widersprochen werden darf. Es erscheint daher unzutreffend, beide Wirkungen auseinanderzureissen, und der Handlung des einen Genossen, wie Weismann dies thut, die praekludierende Wirkung zu belassen, während man ihr die feststellende Wirkung versagen muss.

Sodann liegt im Falle des § 62 C. P. O. eine Mehrheit der Prozesse vor: gleiche Urteile sind nur möglich, wenn sich die Genossen in der gleichen Prozesslage befinden. Daher entspricht es den Grundgedanken unserer Bestimmung, dass ein Genosse mit einem Angriffs- und Verteidigungsmittel nicht eher praekludiert ist, als bis die übrigen es alle sind.

Aus diesem Grunde ist die Unwirksamkeit der Einzeldisposition, abgesehen von der Beweiswirkung eine vollkommene. Der geständige Konsorte kann demnach die von dem anderen Genossen bestrittene Thatsache nachträglich ebenfalls wieder bestreiten, und sich — auch ohne ausdrückliche Bestreitung — an der Beweisaufnahme aktiv beteiligen — (anders Weismann S. 138 Anm. 10). Uebrigens sind die Deduktionen Weismann's wesentlich dadurch gestärkt, dass er die Erstparteien bei der Hauptintervention unrichtiger Weise ohne Weiteres für besondere Streitgenossen im Sinne des § 62 C. P. O. hält und so Sätze, die für die Hauptintervention je nach Lage der Sache zutreffend sein können, auch von der besonderen Streitgenossenschaft behauptet.

IV. Von einigen Schriftstellern wird die Ansicht vertreten, als beziehe sich der Gedanke des § 472 C. P. O. auf alle Prozessrechtsgeschäfte [1]). Auf diesen äusserst bestrittenen Begriff kann hier nicht eingegangen werden. Nur soviel mag bemerkt werden, dass es wohl auch Prozessrechtsgeschäfte giebt, denen

[1]) Den § 472 C. P. O. beziehen auf die Prozessrechtsgeschäfte Trutter, S. 212 ff.; Hachenburg S. 68. Letzterer rechnet sogar die Zustellung hierher. Dieselbe ist aber wohl kein Rechtsgeschäft. Sie schafft zwar unmittelbar eine prozessuale Wirkung, z. B. Fristenbeginn, aber als reine Thatsache. Sie ist nicht Willenserklärung, sondern eine Form der Mitteilung für Willens- und andere Erklärungen.

eine unmittelbar formell feststellende Wirkung in dem oben ausgeführten Sinne nicht zukommt. Man denke an die Klage, Streitverkündigung, laudatio auctoris, Klagänderung u. s. w. Auf derartige Thatbestände ist aber der Gedanke des § 472 zweifellos nicht anzuwenden. Es erscheint demnach richtiger, denselben auf die Dispositivhandlungen in dem oben ausgeführten engeren Sinne zu beziehen [1]).

Aber auch diese Prozessakte werden nicht sämmtlich von § 472 C. P. O. betroffen. Sie werden es nicht, soweit sie unmittelbar, d. h. ohne erst noch der richterlichen Bestätigung zu bedürfen, den gesammten Rechtsstreit zum Abschluss bringen. Zur Vornahme derartiger Handlungen ist jeder Genosse selbständig befugt. Er ist an die Prozessgemeinschaft nicht gebunden. Er kann, ohne Zustimmung der anderen, seine Klage zurücknehmen, Rechtsmittel aufgeben oder zurückziehen, einen Vergleich — vorbehaltlich allerdings civilrechtlicher Möglichkeit — abschliessen u. s. w. [2]), wie schon oben § 6 ausgeführt wurde.

Endlich kann jeder Genosse auf solche Prozessbefugnisse verzichten, welche ihm ausschliesslich

[1]) Auf die Bedeutung der prozessualen Rechtsgeschäfte für die Konstruktion des Prozesses hat insbesondere hingewiesen Schultze K. R. S. 139 Anm., Pr. R. und Pr. I S. 48 und 288, Z. XII S. 475; Proz. Zeitbest. S. 14 Anm. Vergl. auch Wach. Handb. S. 9, 368, insb. Arch. f. civ. Pr. 64 S. 238 ff.; Kohler, Proz. als Rechtsverh. S. 34 ff., 46 ff. (nur ein Rechtsgeschäft: die Klage); vergl. aber denselben in Gruchots Beitr. XXXI S. 277 ff. 481 ff., und dazu Ehrenzweig in Grünh. Zeitschr. XVII S. 234 ff.; Schmidt Lehrb. S. 280 ff., Klein Parteih. S. 1—64; S. 107 Anm. 27; ex professo Trutter Proz. Rechtsgeschäfte 1893; Pollak S. 65 erklärt sich gegen den Begriff des Prozessrechtsgeschäftes.

[2]) Desgleichen kann seinerseits der gemeinsame Gegner, wenn sämmtliche Genossen die Klage zurücknehmen wollen, die Einwilligung dazu einzelnen erteilen, anderen versagen.

zustanden. Er kann z. B. für seine Person auf den Einwand mangelnder Kostensicherheit oder Kostenerstattung gültig verzichten. Er kann, wenn er nicht ordnungsmässig geladen war, für seine Person die Rüge dieses Mangels wirksam aufgeben. Er kann ferner durch alleinigen Verzicht auf den Unzuständigkeitseinwand die Kompetenz des Gerichtes für seine Person schaffen, mag der gleiche Einwand für alle Prozesse bestanden haben und von den übrigen erhoben werden. Sind z. B. zwei preussische Erben im vermeintlichen, aber nicht wirklichen Gerichtsstande der Erbschaft verklagt, so kann der einzelne Beklagte auf die Rüge der Unzuständigkeit verzichten. Er kann dies ebensowohl, wie er ausserhalb des Prozesses durch direktes Uebereinkommen mit dem Gegner die Zuständigkeit für sich selbständig begründen könnte.

§ 14. 3. Beschränkungen und Erweiterungen des § 472 C. P. O.

Die bisherige Darstellung hat den § 472 C. P. O. im Zusammenhang mit der besonderen Streitgenossenschaft des § 62 C. P. O. behandelt. Sie beruht auf der Annahme, dass die Anwendungsgebiete beider Bestimmungen sich decken. Diese Auffassung hat nun, obgleich sie als die herrschende zu bezeichnen ist, mehrfachen Widerspruch erfahren, und es muss aus diesem Grunde hier auf die Voraussetzungen des § 472 C. P. O. eingegangen werden.

I. Unsere Bestimmung spricht von „einem allen Streitgenossen gegenüber nur einheitlich festzustellenden Rechtsverhältnis“, ohne dabei noch ausdrücklich, wie § 62 C. P. O., eine „aus einem sonstigen Grunde notwendige Streitgenossenschaft“ zu erwähnen. Sie wird deshalb von einer Ansicht auf die erste Kategorie des § 62 C. P. O. beschränkt [1]).

Diese Auffassung dürfte indessen der Bedeutung des § 472 C. P, O. nicht gerecht werden. Derselbe will eine Verschiedenheit der Urteile überall dort vermeiden, wo eine solche dem Wesen des festzustellenden Rechtes widersprechen würde. Insofern dient er dem gleichen Zweck wie § 62 C. P. O. Wenn aber in dem Letzteren die „Notwendigkeit der Streitgenossenschaft“ i. e. S. als besondere Kategorie angeführt ist, so wird dadurch sein Anwendungsgebiet nicht erweitert. Denn in der That ist der innere Grund, weshalb in gewissen Fällen gemeinsame Ausübung des Rechtes seitens der mehreren Berechtigten und gegen die mehreren Verpflichteten ausnahmsweise vorgeschrieben ist (— Fällen, die das Gesetz unter der Bezeichnung einer „nothwendigen Streitgenossenschaft“ begreift —), ja kein anderer, als dass in ihnen eine einheitliche Feststellung des gemeinsamen Rechtes bezw. der gemeinschaftlichen Verpflichtung erforderlich ist. Ein etwaiger anderer Grund, wie z. B. die Rücksicht auf Verminderung der Prozesse, würde weder das Gebot gemeinschaftlicher Klage noch die Anwendung des § 62 C. P. O. rechtfertigen, zumal die Verhandlung des erschienenen Genossen für ein verschiedenartiges, selbständiges Recht des Anderen nicht in Betracht kommen könnte [2]).

Demnach ist die zweite Kategorie des § 62 C.P. O. in der ersten bereits mitenthalten. Aus diesem Grunde

---

[1]) Wach., K. V. J. XIV, S. 343; Struckmann-Koch, Z 1 zu § 434 = 472 rev. C. P. O.; Warmuth, Z. I, S. 508; Kroll, § 36; früher auch Wilmowski-Levy zu § 434 = 472 rev. C. P. O.

[2]) So auch v. Amelunxen, S. 55 ff.; Gaupp, 3. A., S. 162[2].

kann ihre Nichtwiederholung im § 472 C. P. O. eine Verschiedenheit der Anwendungsgebiete nicht begründen [1]). Dem entspricht es auch, dass in der norddeutschen Prozesskommission die Bestimmung des § 629 Nordd. Entw., obgleich auch sie nur eine der zwei Kategorien erwähnte, dennoch nach Darstellung der Protokolle (S. 1036) alle beide umfasste. Ferner verweisen die Motive zu § 596=62 C. P. O. auf § 434=472 C. P. O. und umgekehrt, ohne dass die geringsten Einschränkungen gemacht würden [2]).

II. Während die eben dargestellte Ansicht das Anwendungsgebiet des § 472 C. P. O. der herrschenden Auffassung gegenüber beschränkt, will Wachenfeld (S. 147 ff.) umgekehrt über dieselbe hinausgehen. Er bestreitet nämlich jede nähere Beziehung zwischen den §§ 472 und 62 C. P. O. und will den ersteren in allen Fällen der Streitgenossenschaft, also auch der gewöhnlichen Streitgenossenschaft angewendet wissen.

Der § 472 C. P. O., so führt er aus, rede in erster Linie nicht von einem Rechtsverhältnis, sondern von einer einheitlich festzustellenden Thatsache. Eine solche dürfe in demselben Prozessverfahren nicht zugleich als wahr und als unwahr beschworen werden. Dies sei mit der Heiligkeit des Eides nicht zu vereinbaren: (S. 167). Demnach bilde nicht die Einheit-

[1]) So auch v. Amelunxen, S. 58; Eccius, Preuss. Privatr. § 271, IV, S. 589, Anm. 29; Hachenburg, S. 99; Förster, a. a. O., 3; Gaupp, I; Reincke, I, Abs. 3; v. Sarwey, I, S. 609; Seuffert 2; Petersen, 3. A., S. 829: alle zu § 434=§ 471 rev. C. P. O.; Trutter, Proz. Rechtsg. S. 211.

[2]) Ihr hat sich angeschlossen Kleinfeller, K. V. J., 3. F., I, S. 117 ff. Früher schon Fitting, Lehrb. jetzt 9. A., § 75, zum Teil Wilmowski-Levy, 6. A. zu § 434=472 rev. C. P. O. Endemann, Kom. II., S. 343; Gaupp, I, S. 799.

lichkeit des Urteils, sondern die Vermeidung widersprechender Eidesleistungen den Zweck des § 472 C. P. O. Dieser Zweck sei aber nicht nur in den Fällen des § 62 C. P. O., sondern überall dort gegeben, wo eine und dieselbe Thatsache für die Rechte mehrerer Genossen in Betracht komme. Eine solche Gleichheit der Rechtslage sei auch bei der zufälligen Streitgenossenschaft des § 60 C. P. O. denkbar. Dem entsprechend erwähne § 472 im Gegensatze zu § 62 C. P. O. nicht „das streitige Rechtsverhältnis" schlechthin, sondern irgend ein Rechtsverhältnis, mag dieses auch nur als gemeinsame Voraussetzung für die Rechte der Genossen in Betracht kommen. Gegen diese Auffassung lässt sich verschiedenes einwenden:

1) In erster Linie der Wortlaut des § 472 C. P. O. Zwar ist hier zunächst von einer Thatsache die Rede. Dies erklärt sich aber einfach aus dem Umstande, dass nach dem Grundsatze des § 445 C. P. O. ein Rechtsverhältnis niemals Gegenstand des Eides sein kann. In Wirklichkeit soll aber nicht die Thatsache an sich, sondern das darauf beruhende Recht einheitlich entschieden werden. Deshalb verlangt § 472 C. P. O., dass die zu beschwörende Thatsache für ein „nur einheitlich festzustellendes Rechtsverhältnis von Bedeutung" sei. Dieser Hinweis wäre ohne jede Bedeutung, wenn die Notwendigkeit, einheitlicher Eideserklärung schon überall dort gegeben wäre, wo dieselbe Thatsache irgendwie für alle Genossen praejudiziell ist. Der Hinweis auf das einheitlich festzustellende Rechtsverhältnis hat den Sinn einer einschränkenden Bedingung, nicht, wie Wachenfeld S. 149 annimmt, einer bloss erklärenden Umschreibung.

2) Dass allerdings auch schon bei gewöhnlicher Streitgenossenschaft ein Widerspruch der Eide als ein

Nachteil erscheint, kann nicht geleugnet werden. Ein solcher ist aber nicht immer zu vermeiden. Er kann insbesondere bei auseinanderliegenden Prozessen leicht eintreten. Der gleiche Zustand nun, wie bei getrennten Rechtsstreitigkeiten, soll nach § 61 C. P. O. auch für den Fall der Prozessverbindung die Regel bilden; der Grund für diese regelmässige Unabhängigkeit der Prozesse ist die Selbständigkeit der Prozessgegenstände, d. h. der festzustellenden materiellen Rechte. Ausnahmen von dieser Regel können sich demnach nur gründen auf die Natur des streitigen materiellen Rechtes. Dieses allein, nicht die Eigenart der vorzunehmenden Prozesshandlung vermag die Unabhängigkeit der Genossen aufzuheben.

Deshalb gilt bei der gewöhnlichen Streitgenossenschaft von dem Parteieid nichts anderes wie von den übrigen Dispositivhandlungen, welche eine Verschiedenheit der Urteile zweifellos bewirken können. Auch der Parteieid hat nicht, wie dies seiner „Heiligkeit" entsprechen müsste, absolut und allgemein feststellende Kraft; er wirkt vielmehr unmittelbar nur für den Prozess, in welchem er geleistet wird, gleichviel ob derselbe zufällig mit einem andern pari passu geht oder nicht. Uebrigens würde der Heiligkeit des Eides wenig dadurch gedient, dass man den § 472 C. P. O. auch auf die gewöhnliche Streitgenossenschaft übertragen wollte; denn derselbe verlangt gemeinschaftliche Zuschiebung an alle Genossen, wodurch die Möglichkeit widersprechender Eide nicht vermindert, sondern im Gegenteil vergrössert werden würde. Endlich müsste § 472 C. P. O., was er zweifellos nicht thut, sich dann hier auch auf den Fall beziehen, dass eine und dieselbe Thatsache zwar nicht für sämmtliche, aber doch für mehrere unter den Genossen in Betracht kommt;

denn auch hier schon sind widersprechende Eidesleistungen möglich.

3) Nun redet § 472 C. P. O. allerdings nicht von dem streitigen Rechtsverhältnis, sondern von einem nur einheitlich festzustellenden Rechtsverhältnis. Er umfasst aber, trotz dieser etwas ungenauen Wendung, nicht jedes für alle Genossen auch nur praejudizielle Rechtsverhältnis; denn ein Widerspruch im juristischen Sinne, wie § 472 C. P. O. ihn vermeiden will, ist nur denkbar zwischen rechtskräftigen Feststellungen. Die die Praejudizialverhältnisse betreffenden Entscheidungsgründe dagegen sind nach § 322 C. P. O. der Rechtskraft nicht fähig. Ihre Würdigung durch den Richter bildet lediglich ein Internum des Prozesses. Ihre Gleichheit ist solange kein Bedürfnis, als eine Verschiedenheit der rechtskräftigen Feststellungen mit civilrechtlichen Grundsätzen sich verträgt und durch die verschiedene Lage der voneinander unabhängigen Prozesse geboten ist.

Wenn — im Gegensatze dazu — Wachenfeld schon für Praejudizialverhältnisse einheitliche Feststellung verlangt, so erscheint seine Ansicht um so auffallender, als er jedes Bedürfnis einheitlicher Endentscheidung, wie es § 62 C. P. O. in seiner ersten Kategorie voraussetzt, leugnet. An dem von Wachenfeld selbst erwähnten Beispiele soll die Verschiedenheit der Ansichten gezeigt werden. Mehrere Arbeiter klagen gegen den Unternehmer wegen ungerechtfertigter Unterbrechung des Baues auf Ersatz ihres Schadens. Ueber die Thatsache der grundlosen Einstellung des Baues soll nach Wachenfeld gemäss § 472 C. P. O. nur gemeinschaftliche Eideserklärung erfolgen. Nach der herrschenden Ansicht ist dagegen umgekehrt zu entscheiden; denn jeder Arbeiter klagt, allerdings infolge der gleichen Thatsache, auf eine bestimmte ihm zukommende Geldsumme. Er kann durchdringen, während seine Genossen abgewiesen werden, ohne dass darin ein Widerspruch der Urteile, d. h. der rechtskräftigen Feststellungen, zu finden wäre. Er ist deshalb in seiner gesammten Prozessführung, insbesondere auch im Gebrauche des Parteieides, durch § 472 C. P. O. in keiner Weise beschränkt.

4) Diese Auffassung wird durch die Vorgeschichte des § 472 C. P. O. nur bestätigt. Gerade an der Eidesfrage hat sich nämlich im gemeinen Rechte eine besondere Art der Streitgenossenschaft entwickelt. Zur Lösung der Schwierigkeiten hat zuerst Martin den Gegensatz zwischen Teilbarkeit und Unteilbarkeit des materiellen Rechtes verwertet, und in dem letzteren Falle gemeinschaftliche Eideserklärung verlangt, in deren Ermangelung das richterliche Ermessen Platz greifen sollte. Im Uebrigen seien widersprechende Eide sehr wohl denkbar. Seine Ansicht hat, in der Wissenschaft des gemeinen Rechtes, mit geringen Ausnahmen die Herrschaft behauptet [1]).

---

[1]) Vergl. Martin, Mag. II, S. 233 ff.; derselbe, Vorl. II, S. 274; Brackenhoefft, Erörterungen S. 293, Anm. 55; Glück, S. 277; Endemann, Beweislehre, S. 555 — wenigstens für den Schiedseid —; v. Bayer, 10. A., S. 880; Schmidt, Handb. 1844, I, S. 335 f.; Heffter, S. 112, Anm. 76; Linde, Zeitschr. f. Civilr. u. Proz., XVI, S. 118; Renaud, Lehrb. 2. A., S. 59 nr. 22, S. 150; v. Bülow und Hagemann, Prakt. Erört. III, Nr. 21, note e, S. 141, V, S. 280; Westphal, Gutachten I de jurejur., § 11, S. 76; Seufferts Archiv III, S. 215, XI, Nr. 196.

Erfolgt keine gemeinschaftliche Eideserklärung, so verwirft Martin, a. a. O., S. 182, das Prinzip der Majorität. Dagegen wird dasselbe vertreten durch A. G. O. f. Preussen, X, § 293, den Kamptz'schen revidierten Entwurf §§ 262 und 272, den preuss. Entw. v. 1864, § 538. Desgleichen Hanno-

Was sodann die Vorarbeiten zu unserer C. P. O. betrifft, so berührt der Hannoversche Entwurf lediglich die Frage, inwieweit die Eidesleistung eines Genossen den anderen zu gute komme. Er bejaht die Frage bei Unteilbarkeit des festzustellenden Rechtes [1],

versche P. O. 1850, § 284, Abs. 3. Die Gegner Martins, insbes. Planck, Mehrh. S. 416 ff., Franke, Lehrb. I, S. 186, Wetzell, 3. A., S. 851 Anm., verlangen die gemeinschaftliche Eideserklärung, im Gegensatze zu Wachenfeld, nicht allgemein, sondern leugnen umgekehrt jede Notwendigkeit derselben.

[1]) Die Behandlung der Eidesleistung bei Streitgenossen ist im gemeinen und partikulären Recht ausserordentlich bestritten.

1. Nach einer Auffassung soll überall der Eid eines Genossen für die übrigen genügen. Die Bestimmung des schwörenden Genossen wird teils dem Gericht, teils dem Gegner, teils einer Spezialvollmacht der Konsorten überlassen. Vergl. Mevius, dec. Pr. I, 237; Schilter, prax. jur. Rom. XXIII, S. 38; Stryk, de caut. juram., P. II, S. I, c. 4, nr. 361 ff.; Seuffert Arch. IX, Nr. 107, wegen „Anstössigkeit der Eideswiederholung"; Brackenhoefft, S. 293; Strippelmann, Gerichtseid, 1856, S. 199; Trotsche, Meklemb. C. Pr. I, S. 308, der auf Grund zahlreicher Citate eine feste Praxis in Meklenburg behauptet. Ferner den von Pratobevera Materialien citierten Entwurf, S. 134 ff., und die ungarische C. P. O., § 241. Wenigstens unter bestimmten Voraussetzungen soll die Eidesleistung eines einzelnen Konsorten genügen nach Rivinus, de jur. in alterius anim., § 51; Koburgisches Ges. vom 1. XII. 1858, § 83; Wetzell, 3. A., S. 851, Anm.

2. Dagegen soll nach der herrschenden Ansicht die Eidesleistung eines Genossen dem anderen in der Regel nichts nützen, jeder vielmehr für seine Person schwören müssen. So insbes. Renaud, Z. f. Civilr. u. Pr. XVIII, S. 13 ff.; Pufendorf, obs. tom II 123; A. G. O. f. Preussen X, § 273, sowie die sämmtlichen nachbenannten Schriftsteller und Entwürfe. Dagegen sind die Auffassungen bei Unteilbarkeit des Streitgegenstandes verschieden.

verlangt dagegen in keinem Falle eine gemeinschaftliche Zuschiebung, wie er auch für den Fall der Versäumnis einzelner Genossen eine besondere Art der Streitgenossenschaft nicht kennt.

---

a. Nach einer weitverbreiteten Ansicht soll bei Solidarität des Streitgegenstandes der Eid eines Genossen für alle wirken. So Glück, XII, S. 277 unter Hinweis auf die allerdings rein materiellrechtliche Bestimmung der l. 42, § 3 (42,2); Danz, Grundz., § 369; Arnold, Eidesleist. durch Stellvertr., 1843, § 76; Martin, Vorl. II S. 274: Schmidt, Handb. I, S. 335; Osterloh, Lehrb., S. 408 vergl. mit S. 248; Koch, preuss. C. Pr. 2. A., S. 180; desselben Entwurf einer C. P. O. f. Preussen, § 456; v. Bar, Gutachten f. d. 8. Juristentag, S. 27, Anm. 35; Pratobevera, Mater. V, S. 134 ff.; die Entscheidungen österr. Gerichte bei Glaser; Ges. Kl. Schriften, S. 414 ff.

Ferner, abgesehen von dem im Texte erwähnten Hannoverschen Entwurf, auch die Hannov. Pr. O. 1850, § 284, Abs. 2 (dazu Schlüter, Kom. I, S. 417); Bayr. C. P. O., 1869, Art. 467 (und dazu Schmidt, Bayr. C. Pr. I, S. 567[3], und Barth, Kom. II, S. 352[8]); Badische Pr. O. 1832, § 615; desgl. 1851 und 1864, § 571; Württembergische C. P. O. 1869, § 589 und Kommissionsberichte dazu; österreichischer Entw., 1862, § 320; Hessen, Art. 631.

b. Andere verlangen umgekehrt bei unteilbarem Gegenstand Eidesleistung durch alle Genossen oder durch eine bestimmte Anzahl (3), widrigenfalls alle unterliegen. So Endemann, Beweislehre, S. 555 ff.; Preuss. Entwurf, 1848, § 456; Koch, a. a. O.; nach ihm soll, wie die Leistung, so auch die Weigerung eines Genossen für alle wirken. Linde, Z. f. Civilr. u. Pr. XVI, S. 118; Glaser, a. a. O., S. 432, II; und — für eine bestimmte Art der Unteilbarkeit — Hannoversche Pr. O., § 284, Abs. 3.

c. Nach dem revid. Entw. v. Kamptz f. Preussen soll die Majorität auch für die Eidesleistung entscheiden.

d. Das richterliche Ermessen ist massgebend nach dem preussischen Entw., § 539 und dem norddeutschen Entw. § 630.

Anders im preussischen Entwurf. Hier wird als Regel die völlige Unabhängigkeit der Genossen rücksichtlich des Eides besonders ausgesprochen in § 535. Dagegen wird gemeinschaftliche Zu- und Zurückschiebung desselben dann verlangt, „wenn der Gegenstand des Streites unteilbar ist oder in einer unteilbaren Vermögensmasse besteht oder zu einer solchen gehört.“ Massgebend ist demnach auch hier die civilrechtliche Eigentümlichkeit des festzustellenden Rechtes [1]).

Der gleiche Gesichtspunkt tritt im norddeutschen Entwurf noch schärfer hervor. Die Protokolle betonen wiederholt (S. 1036, 1041, 1131, 1132) den Zusammenhang zwischen dem § 95 Entw. = § 62 C. P. O. und dem § 629, 630 Entw. = § 472 C. P. O.; einen Zusammenhang, der schon unzweideutig aus dem Wortlaut des § 629 erhellt: „Kann im Falle einer Streitgenossenschaft das streitige Rechtsverhältnis nach den Vorschriften des bürgerlichen Rechtes allen Streitgenossen gegenüber nur einheitlich festgestellt werden, so kann der Eid über eine Thatsache, welche für die Rechte aller Genossen von Einfluss ist, nur von allen Streitgenossen einheitlich zugeschoben oder zurückgeschoben werden.“

Dem gegenüber bietet § 472 C. P. O. rein redaktionelle Unterschiede und Vereinfachungen. Insbesondere wird der Hinweis auf die „Vorschriften des bürgerlichen Rechtes,“ wie im § 62 C. P. O., als überflüssig unterlassen. Nirgends aber ist der geringste Anhaltspunkt für eine Veränderung des Ge-

---

[1]) Die Motive zum preussischen Entwurf § 535 ff. betonen ausdrücklich ihre Uebereinstimmung mit dem gemeinen und früheren preussischen Rechte.

dankens zu finden. Vielmehr verweisen, wie schon erwähnt, die Motive zu § 416=472 rev. C. P. O. ausdrücklich auf die Fälle des § 62 C. P. O.

§ 18. Anhang: die besondere Streitgenossenschaft in späteren Instanzen.

Der § 62 C. P. O. bezieht sich nicht allein auf das Ausbleiben im Termine, sondern auch auf die Versäumnis von Fristen[1]). Besonders wichtig sind in dieser Hinsicht die sog. Notfristen und unter diesen wiederum die zur Einlegung von Rechtsmitteln bestimmten Fristen. Ihr Verhältnis zur der bes. Streitgenossenschaft soll an dem praktisch bedeutsamsten Falle der Berufung behandelt werden. Dabei werden folgende Fragen zu prüfen sein: erstens, inwiefern wirkt die Berufung eines Genossen zu Gunsten des anderen, falls sie überhaupt für alle rechtzeitig eingelegt ist? Zweitens: hat die Thatsache der bes. Streitgenossenschaft einen rechtlichen Einfluss auf den Lauf der Berufungsfristen? Drittens: ist die Berufung durch oder gegen einen einzelnen Streitgenossen unzulässig, ist sie unbegründet? Endlich wird zu untersuchen sein, ob sich die Rechtskraft eines abändernden Urteils zweiter Instanz auch auf solche Streitgenossen erstreckt, welche in keiner Weise Subjekte zweiter Instanz geworden sind.

I. Wird innerhalb einer für mehrere Genossen gemeinsam laufenden Rechtsmittelfrist die Berufung von einem Genossen ergriffen, so wirkt sie in gleicher Weise, als wäre sie von allen Konsorten gemeinschaftlich ausgegangen.

---

[1]) Vergl. die schon citierte Abhandlung von Schultze über prozessualische Zeitbestimmungen 1887.

Die Anträge brauchen, um für alle Genossen zu wirken, nicht ausdrücklich auf deren Namen abgestellt zu sein [1]). Denn die unter § 62 C. P. O. fallenden Parteihandlungen kommen nicht wegen ihrer persönlichen Richtung, sondern kraft ihrer sachlichen Bedeutung für die säumigen in Betracht. Dass wir es hier freilich mit einer — übrigens wohlbegründeten — Ausnahme von dem Satze zu thun haben, nach welchem der Richter nicht befugt ist, über den Parteiantrag hinauszugehen, wurde bereits oben § 2 unter I 3 ausgeführt.

Kraft der Vertretung hindert die eingelegte Berufung nicht nur den praekludierenden Ablauf der Rechtsmittelfrist für den säumigen Genossen, sondern sie macht den letzteren unmittelbar mit dem fleissigen Konsorten zum Subjekte zweiter Instanz. Auch hier ist Hachenburg, entsprechend seiner allgemeinen Auffassung vom § 62 C. P. O., abweichender Ansicht. Nach ihm bleibt der Fristversäumende solange in erster Instanz zurück, bis er an dei Berufungsverhandlung thätigen Anteil nimmt, und zwar im Wege der Anschliessung gemäss § 521 C. P. O. [2]).

---

[1]) Anders Wilmowski-Levy, 7. A. zu § 59 = 62 rev. C. P. O.

[2]) Aehnlich wie Hachenburg auch Weismann, S. 159 f.: „Die Berufung eines Genossen hemmt die Rechtskraft für alle". Nach Anm. 4 ebendort soll der säumige an der zweiten Instanz teilnehmen, nach Anm. 10 dagegen nur dann dazu befugt sein, wenn er von seinem Anfechtungsrechte Gebrauch macht.

Hachenburg, S. 51, Anm. 5, glaubt für seine Ansicht eine Bestätigung in den norddeutschen Protokollen zu finden u. z. S. 1506, 1536. Diese Stellen betreffen indessen nicht die Frage, ob ein Genosse für den anderen wirksam Berufung einlegen kann, sondern handeln davon, ob der Berufende den säumigen Genossen zum Termine laden muss. Dies wird mit Rücksicht auf § 395, Abs. 2, Entw. = § 63 C. P. O. be-

Diese Auffassung des § 62 C. P. O., wurde bereits oben in § 5 allgemein abgelehnt; sie stösst insbesondere bei der Berufungsfrage auf gewichtige Bedenken. Zunächst reisst sie in unzulässiger Weise die suspensive und die devolutive Wirkung der Berufung auseinander, indem sie für den säumigen Genossen die erstere eintreten lässt, die zweite dagegen versagt. Sodann ist nicht abzusehen, wie die neue Entscheidung dem unthätigen Konsorten zu Gute kommen soll, wenn er an der zweiten Instanz nicht Teil hat. Auch vermag eine Partei, die sich noch im erster Instanz befindet, nur auf dem Wege der Berufung in die zweite Instanz zu gelangen. Der Vergleich mit der Anschliessung ist wohl nicht durchzuführen. Wer von dieser Gebrauch macht, wird nicht erst dadurch zum Subjekte des zweiten Rechtszuges, sondern erweitert nur den Gegenstand desselben; es handelt sich nach wie vor um ein einziges Urteil, über welches schon ohnehin dem Berufungsbeklagten gegenüber zu verhandeln war. Dagegen stehen bei der Streitgenossenschaft mehrere Entscheidungen in Frage, deren enge Beziehung zueinander die Zulässigkeit einer Anschliessung noch nicht begründet. Es wird, wie Hellmann Z. XVII S. 13 ff. sehr treffend bemerkt, der Partei die Anschliessung gestattet, obgleich von ihr die Berufung nicht ergriffen wurde, während § 62 C. P. O. gerade die gleiche Lage schaffen will, als wäre von einem Rechtsmittel Gebrauch gemacht worden. Endlich betrifft § 62 C. P. O.

---

jaht. Die weiterhin bestrittene Frage, ob auch zu den folgenden Terminen zweiter Instanz der säumige zu laden sei, wurde durch Aufnahme des zweiten Absatzes zu § 62 C. P. O. erledigt. Wenn demnach Hachenburg gerade auf die zweite Instanz die Bestimmung des § 62, Abs. 2, nicht anwenden will, so kann dem nicht zugestimmt werden.

im Gegensatze zu § 521 nicht die Beziehung zum Gegner, sondern das Verhältnis der Genossen untereinander.

Wer als vertreten gilt, wird betrachtet, als ob er gehandelt hätte, nicht wird ihm lediglich die Möglichkeit gewahrt, erst selbst noch thätig zu werden. Der fristversäumende Genosse nimmt daher an der zweiten Instanz Anteil.

Daraus sind nun freilich alle Konsequenzen zu ziehen. Der Unthätige muss gemäss §§ 63, 62 Abs. 2 C. P. O. geladen und zu dem weiteren Verfahren zugezogen, ihm müssen die gegnerischen Schriftsätze zugestellt werden. Sein entschuldigtes Ausbleiben, sein Tod, sein Konkurs u. s. w. hemmen, wie in erster Instanz, so auch in dem oberen Rechtszuge den Fortgang des Verfahrens für alle. Er gilt nicht nur hinsichtlich der Einlegung des Rechtsmittels, sondern in jedem einzelnen Termine der zweiten Instanz als vertreten, und kann sich ohne weitere Beitrittserklärung an der Verhandlung aktiv beteiligen. Der Parteieid ist gemäss § 472 auch an ihn zuzuschieben und von ihm zu leisten. Er ist bei der Entscheidung namentlich aufzuführen und trägt nach Massgabe des § 100 Abs. 3 C. P. O. seinen Anteil an den Kosten der weiteren Verhandlung. Endlich kann auch ihm gegenüber durch den gemeinschaftlichen Gegner die Anschliessung wirksam erklärt und dadurch eine ungünstige Abänderung des ersten Urteils herbeigeführt werden.

Dass ein solches Ergebnis dem Säumigen immer willkommen wäre, kann allerdings nicht behauptet werden. Thatsächlich gewährt ihm jedoch in der grossen Mehrzahl der Fälle § 62 C. P. O. einen Nutzen oder bringt ihm doch keinen Schaden, wenigstens solange der Gegner nicht Anschliessung an das Rechtsmittel erklärt.

Auch ist ihm stets Gelegenheit geboten, durch seine Thätigkeit auf das Schicksal der Berufungsverhandlung einzuwirken. Im schlimmsten Falle endlich kann er durch Verzicht auf das Rechtsmittel oder Zurücknahme desselben die Anwendung des § 62 C. P. O. ausschliessen [1]). Die Berufung eines Genossen wirkt für den Unthätigen aber auch nur, weil und insoweit sie für den Berufungskläger selbst von Bedeutung ist. Zieht dieser das eingelegte Rechtsmittel zurück, bevor der andere thätigen Anteil an der Berufungsverhandlung nimmt, so scheidet zugleich auch dieser andere aus der zweiten Instanz aus. Hat aber der Letztere bereits Anträge gestellt, so wird für ihn der Fortgang des Rechtsstreits durch die Berufungszurücknahme seines Genossen nicht gehindert [2]).

II. Um als vertreten zu gelten, muss der unthätige Genosse säumig sein, d. h. es muss für ihn in dem Momente, wenn der andere Genosse Berufung einlegt, die Rechtsmittelfrist bereits in Lauf gesetzt, aber noch nicht beendigt sein. Ueber den Beginn dieser Frist entscheidet in der Regel eine Handlung der Partei,

---

[1]) Die im Texte vertretene Anschauung ist auch in der Praxis vorherrschend. Vergl. R. G. XIII., S. 292; XVII. S. 359; Jur. Woch. 1890, S. 178, Nr. 3; und die Z. XVII., S. 8 ff., von Hellmann citierten Entscheidungen des obersten L. G. in München.

[2]) Schon im gemeinen Rechte war bestritten, ob ein säumiger Genosse, nachdem der Appellant auf das Rechtsmittel verzichtet hat, dasselbe nunmehr allein fortsetzen durfte. Bejaht wird die Frage von Schweder de renunc. app. Ulm 1703, § 13, verneint von Textor de benef. adhaer. § 10, Boehmer d. appel. interp. renunc., § 13, Grossherzogl. hessischer Verord. vom 17. III. 1797, § 11, Zif. 11; und — wenigstens für unteilbare Rechtverhältnisse — von Streit de renunc. app. Jena 1752, § 9; Mevius P. VI., Dec. 99; Linde, Lehrb. IV., S. 440 ff.

nämlich die Zustellung des Urteils. Dass nun bei der gewöhnlichen Streitgenossenschaft jedem Genossen gegenüber von der an ihn oder durch ihn bewirkten Zustellung die Frist besonders zu berechnen ist, unterliegt keinem Zweifel. Dagegen ist bestritten, ob der Fristenlauf durch den Umstand beeinflusst wird, dass in erster Instanz eine besondere Streitgenossenschaft vorlag.

Dies wird vielfach angenommen. Die Zustellung durch einen Genossen soll genügen, um den Lauf der Rechtsmittelfrist in Ansehung derjenigen zu begründen, die noch nicht zugestellt haben, während umgekehrt die Zustellung an einen Streitgenossen nicht eher wirksam sein soll, als bis an alle zugestellt ist[1]). Hier soll der Nachweis versucht werden, dass auch in den Fällen des § 62 C. P. O für jeden Genossen die Frist besonders zu berechnen ist[2]). Weder aus dem Begriffe der Zustellung noch aus dem der besonderen Streitgenossenschaft lässt sich eine Abweichung von der Regel des § 61 C. P. O. ableiten.

Das Gesetz knüpft den Beginn der Rechtsmittelfrist an die Urteilszustellung. Dadurch soll der Partei von dem fristbegründenden Ereignis authentische Kenntnis gegeben werden. Ihre aktive oder passive Beteiligung erscheint daher für den Begriff des Zustellungsaktes als einer Mitteilung wesentlich. Gegenüber einem

---

[1]) Dreyer a. a. O., S. 39; Hachenburg S. 68; Petersen 3. A. zu § 59 = 62 rev. C. P. O. nr. 27; Kohler für den Fall der Hauptintervention in Ges. Beitr., S. 278; R. G. Entsch. XXXIV., S. 364; Jurist. Wochenschr. 1883, S. 3, 1886, S. 9: Jur. Z. f. Els.-Lothr. XV., S. 497; Seuff. Arch. 39, S. 199 u. s. w.

[2]) Hellmann, Z. XVII., S. 17; Gaupp, 3. A. II., S. 20; Seuffert, 7. A., S. 612, 1 a.

Prozesssubjekte, welches an der Zustellung keinen Anteil nimmt, kann die Rechtsmittelfrist nicht laufen.

Aus diesem Grunde kann die Zustellung durch einen Genossen noch nicht genügen, um für alle übrigen die Frist in Lauf zu setzen. Es widerspräche der Billigkeit und dem Gesetze, wollte man für einen unthätigen Genossen den Fristbeginn und folgerichtig auch den Fristablauf an ein Ereignis knüpfen, von dem er keine Kenntnis hätte [1]).

Um dieser Unbilligkeit zu entgehen, nahmen Wilmowski-Levy zu § 62 C. P. O. an, die Zustellung

---

[1]) Das Reichsgericht verteidigt, im Gegensatze zu einer früheren Entscheidung (Gruchots Beitr. 30, S. 725) neuerdings (Entsch. 30, S. 346) die hier abgelehnte Auffassung. In den Fällen des § 62 C. P. O. könne die Rechtskraft nur für alle Genossen gemeinschaftlich eintreten. Würde demnach die Zustellung durch einen Genossen für die anderen nicht wirksam sein, so könnte der fleissige kein rechtskräftiges Urteil erlangen, falls nicht auch durch oder an die übrigen Konsorten zugestellt würde, wozu vielleicht kein Interesse vorliege. Dieses unbillige Ergebnis widerspreche den Grundsätzen des A. L. R. I. 5, § 451 und § 61 C. P. O., wonach das Verhalten eines Genossen den anderen nicht schaden dürfe. Auch verlange § 63 C. P. O. gemeinschaftlichen Prozessbetrieb.

Darauf ist zu bemerken. Die formelle Rechtskraft kann für die einzelnen Genossen sehr wohl in verschiedenen Zeitpunkten eintreten (— dies ist in den Fällen des Offizialbetriebs sogar für Parteien desselben Rechtsstreits möglich: R. G. VII, S. 364 —). Auch ist die materielle Rechtskraft für einen einzelnen Genossen wohl möglich. Sie hat aber mit der lediglich für die formelle Rechtskraft massgebenden Prozesshandlung der Zustellung nichts zu thun. Ebensowenig gehört hierher die materiell rechtliche Vorschrift des A. L. R. I § 451. Der § 61 C. P. O. aber verlangt gerade Unabhängigkeit der Konsorten. Ueber § 63 C. P. O. vergl. unten im Text.

durch einen Genossen wirke zwar zu Gunsten, nicht aber zum Nachteil der übrigen Konsorten. Danach müsste von jener Zustellung ab der nichtzuzustellende Genosse beliebig Berufung einlegen können, ohne jedoch durch den unbenutzten Ablauf der Fristen praekludiert zu werden. Es läge für ihn eine Notfrist von unbeschränkter Zeitdauer vor. Dies widerspräche dem Fristenbegriff und insbesondere dem § 477 C. P. O. Entweder beginnt mit der Zustellung die Frist für alle Genossen; dann läuft sie auch für alle nach einem Monate ab; oder sie beginnt für die unthätigen Genossen nicht. Dann kann sie auch diesen gegenüber für den gemeinsamen Gegner nicht ablaufen. Anfangs- und Endpunkt der Rechtsmittelfrist müssen für die unthätigen Konsorten die gleichen sein wie für ihren Gegner. Auf der anderen Seite muss, sobald an einen Genossen zugestellt ist, für diesen die Berufungsfrist beginnen. Man darf nicht verlangen, dass er mit der Einlegung des Rechtsmittels abwarte, bis auch an die übrigen Konsorten zugestellt ist, zumal er oft genug nicht wird wissen können, ob und wann dieses Ereignis eingetreten ist [1]).

Die bekämpfte Ansicht entspricht auch nicht dem Begriff der Streitgenossenschaft als einer Prozessmehrheit. Die Genossen bilden nicht eine einheitliche Partei, für welche der einzelne Konsorte wirksam zu-

---

[1]) Wilmowski-Levy, 4. A., S. 633[2], führten aus, der Genosse, an welchen nicht zugestellt worden, sei noch in der Lage, unter Wahrung der Frist den säumigen zu vertreten. Daher könne auch für den Zustellungsempfänger die Frist nicht ablaufen. Diese Ansicht beruht auf einem Kreisschluss. Sie setzt ihrerseits wieder voraus, dass der thätige Genosse den unthätigen auch dann vertreten kann, wenn für diesen die Frist abgelaufen ist. Davon kann aber wohl keine Rede sein.

stellen könnte, und an deren sämmtliche Mitglieder die Zustellung erfolgen müsste.

Auch der Zustellungsakt ist nicht einheitlich, sondern zerfällt in ebenso viele Handlungen, als beteiligte Subjekte. Für diese Handlungen muss der Unabhängigkeitsgrundsatz des § 62 C. P. O. solange gelten, als die Vorschriften über besondere Streitgenossenschaft keine Ausnahme begründen. Diese Vorschriften suchen zwar eine Auseinanderreissung der Prozesse zu vermeiden. Sie setzen aber den Bestand und Fortgang der Streitgenossenschaft voraus; sie können nicht eintreten, solange die Fortdauer der Prozessverbindung zweifelhaft erscheint. Sie greifen erst Platz, wenn ein gemeinsamer Fristenverlauf gegeben ist, nicht dagegen vermögen sie ihrerseits einen solchen zu begründen [1].

Wer nicht zustellt, ist nicht säumig, kann daher nicht nach § 62 C. P. O. als vertreten gelten [2]; die Bestimmung desselben kann höchstens den Ablauf, nicht den Beginn der Frist beeinflussen. Daraus ferner, dass nach ihr ein Konsorte für alle handeln kann, dürfte nicht mit Hachenburg gefolgert werden, dass umgekehrt allen gegenüber gehandelt werden müsste. Vielmehr gilt dies nur von bestimmten Dispositivhandlungen gemäss § 472 C. P. O. Letztere Vorschrift findet aber keine Anwendung auf eine Parteihandlung, welche, wie die Zustellung, nicht als Willensakt, sondern als blosse Thatsache wirkt [3].

[1]) Dies wird besonders deutlich, wenn nicht ein Parteiverhalten, sondern ein von diesem unabhängiges Ereignis die Frist in Lauf setzt.

[2]) Dass die Zustellung noch zu den Prozesshandlungen erster Instanz gehört — Dreyer a. a. O. — rechtfertigt nicht die Anwendung des § 62 C. P. O., weil dieser nicht alle Handlungen erster Instanz beherrscht.

[3]) Hachenburg müsste, da er die Zustellung für ein Rechtsgeschäft erklärt, folgerichtig auch ihre Vornahme durch alle Genossen verlangen.

Der § 63 C. P. O. endlich, welcher hinsichtlich der Ladung den Grundsatz des gemeinschaftlichen Prozessbetriebes aufstellt, erlaubt keinen Schluss auf unsere Frage, weil er sich auf alle Arten des Konsortiums bezieht, und daher eine besondere Behandlung der Streitgenossenschaft nicht rechtfertigen kann. Dagegen erschiene für unseren Fall eine Vorschrift de lege ferenda wohl angemessen, nach welcher — analog dem § 63 C. P. O. — eine Zustellung, mag sie von dem gemeinsamen Gegner oder von einem Genossen ausgehen, zugleich allen übrigen an der unteren Instanz beteiligten Personen gegenüber zu erfolgen hätte, um wirksam zu sein.

III. Nach den obigen Ausführungen ist der Fall denkbar, dass ein Genosse die Berufung ergreift, während für den anderen die Frist noch nicht begonnen hat oder bereits abgelaufen ist. Auch ist es möglich, dass der gemeinsame Gegner das Rechtsmittel nur einem Genossen gegenüber ergreift. Hier ergiebt sich die Frage: welche Wirkung kommt einer derartigen Einzelberufung zu? Ist sie wegen Nichtbeteiligung der übrigen Konsorten unzulässig, d. h. muss sie, ohne dass auf den Berufungsantrag selbst eingegangen würde, schon a limine zurückgewiesen werden [1])? Oder ist sie

---

[1]) So Hachenburg, S. 48, 68; Dreyer, S. 39 f.; Struckmann-Koch zu § 59. Anm. 4; Gaupp, 3. A. II., S. 10 — weil sie „ohne materiellen (?) Erfolg bleiben müsste“, im Widerspruche mit I S. 164 nr. 5; Petersen 3. A. zu § 59, Nr. 28; Wilmowski-Levy 7. A., S. 738; R. G. Entsch. 36, S. 345 f.; Seuff. Arch. 39, Nr. 136, XLVII. 84; OLG. Dresden im sächs. Archiv VII 101; O. L. G. Karlsruhe Bad. Ann. XLII 81. Nach v. Sarwey I S. 662 genügt sogar die Zustellung des Rechtsmittels an einen einzigen Genossen, um gegenüber den anderen das Rechtsmittel zu wahren.

zwar formell statthaft, dagegen materiell unbegründet, d. h. in der Sache selbst abzuweisen?

Der Unterschied ist von praktischer Bedeutung. In dem ersteren Falle kann der abgewiesene Berufungskläger nunmehr von Neuem, vorausgesetzt allerdings, dass die Frist noch läuft — in formell richtiger Weise, d. h. unter Beteiligung der mehreren Konsorten — das Rechtsmittel ergreifen. Im zweiten Falle dagegen steht seiner erneuten Berufung die Einrede der materiellen Rechtskraft entgegen [1]).

1) Was nun zunächst die Frage betrifft, ob die Berufung durch oder gegen einen einzelnen Genossen prozessual zulässig sei, so kann dieselbe unbedingt bejaht werden und zwar aus folgenden Gründen.

---

[1]) Hellmann, Z. XVII., S. 18 f., hält den praktischen Unterschied beider Auffassungen für einen andern. Bei prozessualer Unzulässigkeit der Einzelberufung soll der Richter dieselbe ohne Weiteres abweisen müssen, ohne erst die Frage zu prüfen, ob die Streitgenossenschaft durch den Unterrichter mit Recht als eine besondere betrachtet wurde. Dagegen habe nach der zweiten Ansicht der Berufungsrichter diese Frage zu prüfen, und könne bei Verneinung derselben zur Zusprechung der Berufung gelangen.

Hierin dürfte indessen der Unterschied nicht liegen. Die Unzulässigkeit der Einzelberufung würde, wenn sie anzunehmen wäre, doch immerhin auf der besonderen Qualifikation des Konsortiums beruhen. Diese muss daher der Oberrichter in jedem Falle untersuchen. Er hätte die Einzelberufung für zulässig zu erklären, wenn kein Fall des § 62 C. P. O. vorläge. Daran könnte auch der Umstand nichts ändern, dass zu diesem Behufe die Prüfung über ein wesentliches Stück des materiellen Rechtes vorweg genommen werden müsste. Diese Notwendigkeit kann auch in andern Fällen gegeben sein, in denen es sich lediglich um die Entscheidung einer prozessualen Frage handelt. Vergl. Schultze, Rechtsfälle Nr. 26 und R. G. Entsch. III., S. 381.

Streitgenossenschaft ist Mehrheit der Prozesse. Die einheitliche Urteilsformel enthält in Wirklichkeit eine Mehrheit von Entscheidungen. Für jede derselben ist begrifflich eine Abänderungsmöglichkeit, d. h. eine Befugnis zum Gebrauch des Rechtsmittels gegeben. Letzteres erstrebt, wie die Klage, eine Entscheidung zwischen zwei Subjekten. Es geht nicht auf Abänderung des ersten Urteils schlechthin, sondern nur gegenüber einer bestimmten Partei. Zu seiner prozessualen Wirksamkeit kann nicht die Beteiligung einer dritten Person erforderlich sein. Auch wenn in erster Instanz eine Streitgenossenschaft bestand, bilden die Konsorten nicht eine Partei, nicht eine Gesammtheit, wie mit Rücksicht auf unsere Frage vielfach angenommen wurde. Ebenso wie die Einzelklage formell niemals unzulässig ist, d. h. niemals auf eine prozesshindernde Einrede der mehreren Beteiligten stossen kann, so ist auch die Einzelberufung statthaft.

Mag auch das subjektive Privatrecht einheitliche Feststellung erheischen und in erster Instanz wirklich gefunden haben, jedenfalls ist nach Prozessgrundsätzen der einzelne Konsorte an die Gemeinschaft nicht gebunden. Er kann durch Verzicht auf das Rechtsmittel, Zurücknahme desselben u. s. w. aus der Genossenschaft ausscheiden. In gleicher Weise muss auch durch oder gegen ihn der einzelne Rechtsstreit allein fortgesetzt werden können. Es darf von dem Verhalten eines Genossen nicht abhängen, ob eine Berufungsverhandlung durch oder gegen den anderen zuzulassen ist.

2) Ob dagegen die Einzelberufung materiell unbegründet erscheint, kann durch zahlreiche Umstände bedingt sein. Begründet ist eine Berufung insbesondere dann, wenn der Antrag nach Civilrecht gerechtfertigt erscheint. Ist nun — von dem hier nicht

interessierenden Falle erstinstanzlicher Verfahrensmängel abgesehen — schon der Umstand massgebend, dass die in erster Instanz gegebene Streitgenossenschaft nicht fortgesetzt wurde? Diese an sich zufällige Thatsache kann offenbar nicht genügen.

Ist nämlich der erhobene Anspruch so geartet, dass er nicht durch oder gegen einen einzelnen Genossen geltend gemacht werden kann, so ist allerdings die Berufung als unbegründet abzuweisen. Das gleiche Ergebnis hätte aber auch dann einzutreten, wenn in der unteren Instanz überhaupt gar keine Prozessverbindung bestanden hätte, der Berufungskläger vielmehr auch in erster Instanz Alleinkläger gewesen wäre. Es beruht das demnach lediglich auf den Grundsätzen des Civilrechtes, nicht auf der prozessualen Erscheinung der Streitgenossenschaft. Ergiebt sich, dass die in ersterer Instanz zurückgebliebenen Genossen von dem Unterrichter nur irrtümlich als Rechtsteilnehmer betrachtet wurden, so ist die Einzelberufung jedenfalls nicht deshalb für unbegründet zu erachten, weil in erster Instanz eine besondere Streitgenossenschaft angenommen war [1]).

Kann dagegen ein unteilbares Recht durch oder gegen jedes einzelne seiner Subjekte in solidum geltend gemacht werden, wie z. B. eine Servitut mehrerer Mit-

---

[1]) Zwei Erben nach preussischem Recht, A und B, sind mit der Klage aus einer zur ungeteilten Erbschaftsmasse gehörigen Forderung abgewiesen worden. A legt allein Berufung ein. Er ist abzuweisen, wenn auch B Erbe war. Denn die Forderung kann nach Civilrecht nur durch oder gegen beide gemeinschaftlich geltend gemacht werden. Dagegen dringt er, vorausgesetzt, dass die Forderung überhaupt besteht, in dem Falle durch, dass er sich als alleinigen Erben legitimiert.

eigenthümer, oder handelt es sich um die Feststellung einer einzigen rechtserheblichen Thatsache, z. B. der Echtheit einer gemeinsamen Urkunde, so kann die Einzelberufung wie die Einzelklage, schon nach Civilrecht, je nach der materiellen Rechtslage, begründet sein. Sie bleibt dies auch ohne Rücksicht darauf, ob eine Streitgenossenschaft möglich gewesen wäre oder gar früher wirklich bestanden hat. Die ganze Frage hat mit der Streitgenossenschaft nichts zu thun, sie gehört in die civilrechtliche Lehre von der Mehrheit der Rechtssubjekte. [1])

IV. Ist endlich die Berufung durch oder gegen einen einzelnen Genossen mit Erfolg durchgeführt, so erstreckt sich die Rechtskraft des erzielten Urteils nicht ohne Weiteres auf alle Konsorten erster Instanz. Sie thut dies nur nach Massgabe etwaiger Vorschriften des Civilrechtes. Auch hier bleibt die prozessuale Thatsache der früheren Streitgenossenschaft ohne Bedeutung. [2])

Hachenburg, S. 74, vertritt die gegenteilige Auffassung, weil „das von der thätigen Partei angefochtene

---

[1]) Allerdings kann für einen solchen Fall die Berufung in ihrem praktischen Erfolg unwirksam sein. Es hat z. B. ein Kläger, nachdem er mit seiner gegen die Miteigentümer A und B gerichteten Klage in erster Instanz abgewiesen worden, nunmehr allein gegen A Berufung eingelegt. A wird nun unter Aufhebung des ersten Urteils verurteilt. Die Durchführung dieses Erkenntnisses müsste notwendig beide Miteigentümer treffen. Ihr kann sich deshalb B, gestützt auf das für ihn günstige Urteil erster Instanz, mit Erfolg widersetzen. Aus einer derartigen Unwirksamkeit der Einzelentscheidung darf nicht auch ihre Unbegründetheit gefolgert werden.

[2]) Zutreffend Wilmowski-Levy, 7. A., S. 117; R. G. in Rassow-Küntzel XXXIV, S. 1154.

Urteil" auch die unthätige umfasse. [1]) Er dürfte jedoch wohl übersehen, dass in Wirklichkeit eine Mehrheit der Prozesse und somit auch der Entscheidungen vorliegt, welche nicht sämmtlich durch die Einzelberufung betroffen sein können.

Das Prozessgesetz erstrebt allerdings in den Fällen der besonderen Streitgenossenschaft einheitliche Feststellung, aber nicht auf dem Wege erweiterter Urteilskraft — nach dem Prozesse, — sondern bereits durch Gestaltung der Rechtstreitigkeiten selbst — während dauernden Prozesses. Die Gesetzesvorschriften über die besondere Streitgenossenschaft können nicht Platz greifen, wenn, wie hier vorausgesetzt wird, die Streitgenossenschaft bereits aufgehört hat. [2])

---

[1]) Aus dem gleichen Grunde Weismann, S. 159; Dreyer, S. 41. Die Folge wäre: Der Unthätige kann nicht mehr Berufung einlegen, selbst wenn für ihn die Frist noch läuft.

[2]) Im gemeinen Rechte wirkt allerdings die Appellation eines Genossen, soweit es sich um einen gemeinsamen Klaggrund handelt, zu Gunsten der anderen. Vergl. 1 10 § 4 D. (49.1); l. 1. 2. C. (7.68); c. 72 X de app. (2.28). Dazu Pistoris nr. 26; Stryk opera tom. IV 25 c. 9 nr. 117ff.; Martin a. a. O. S. 346 ff.: Grund: objektiver Zusammenhang der Sachen; Planck S. 148, 424: praesumtive negotiorum gestio; Ihering Ges. Auff. S. 266: Reflexwirkung; Wetzell 3. A. S. 704, Anm. 10, 852, Anm. 116; Renaud S. 149, Anm. 17; v. Bayer 10. A. S. 129; Brackenhoefft S. 282; Z. f. d. ges. Handelsr. XVI, S. 216 f.; Z. f. Rechtspfl. und Verwalt. in Sachsen N. F. 32, S. 511 ff.

Vergl. auch preuss. A. G. O. XIV §§ 13, 14 a. b., wo es allerdings einer besonderen Beitrittserklärung des Säumigen zu dem Rechtsmittel bedarf, die ihm bei unteilbaren Rechten durch § 74 der Revision von 1830 erlassen wird. Vergl. auch § 518 preuss. Entw. von 1848.

Schlussbemerkung.

Die Bestimmungen über die besondere Streitgenossenschaft vermögen nach dem Ausgeführten einen Widerspruch der Urteile nicht überall zu vermeiden. Sie werden auch dieses an sich erstrebenswerte Ziel solange nicht erreichen können, als unser Civilprozess — in durchaus zweckentsprechender Weise — auf der Verhandlungsmaxime und dem Zweiparteienverhältnis aufgebaut ist. Soweit sie jedoch schon jetzt den möglichen Konflikt zwischen dem Mechanismus des Prozesses und der Besonderheit gewisser Privatrechte zu verhindern geeignet sind, erscheinen sie vom gesetzgeberischen Standpunkte aus vollkommen gerechtfertigt. Aus diesem Grunde dürfte die von Wachenfeld S. 171 befürwortete Abschaffung des § 62 C. P. O. nicht geboten sein.

C. & J. Goeller, Strassburg, Magdalenengasse. 20.

Kolibri 360 GmbH
Ferdinand-Jühlke-Straße 7
99095 Erfurt, Deutschland
produktsicherheit@kolibri360.de